U0671760

裴长洪　赵克斌　主　编
周　文　执行主编

通向真理之路

寻求当代中国马克思主义政治经济学新境界

ROAD TO TRUTH

SEEKING A NEW REALM OF MARXIST POLITICAL ECONOMY OF CONTEMPORARY CHINA

SSAP 社会科学文献出版社
SOCIAL SCIENCES ACADEMIC PRESS (CHINA)

前　言

2020 年 8 月 24 日，习近平总书记在经济社会领域专家座谈会上提出："从国情出发，从中国实践中来、到中国实践中去，把论文写在祖国大地上，使理论和政策创新符合中国实际、具有中国特色，不断发展中国特色社会主义政治经济学、社会学。"① 中国社会科学院—上海市人民政府上海研究院（以下简称"上海研究院"）为了贯彻落实习近平总书记的讲话精神于 2021 年 6 月在上海主办了首届中国特色社会主义政治经济学高端论坛。本次论坛以习近平新时代中国特色社会主义思想为指导，围绕"中国共产党百年经济理论回望与前瞻"的会议主题展开了广泛而深入的研讨。与会专家一致认为，面对错综复杂的国内外经济形势，面对形形色色的经济现象，学习领会马克思主

① 习近平：《在经济社会领域专家座谈会上的讲话》，人民出版社，2020，第 11 页。

义政治经济学基本原理和方法论，有利于我们掌握科学的经济分析方法，认识和把握经济运行和发展规律，提高驾驭社会主义市场经济的能力，从而准确回答我国经济发展的理论和实践问题，为建设具有中国特色、中国风格、中国气派的经济学理论体系和学术话语体系贡献自身智慧。出席论坛的代表都是中国经济理论界的著名学者，大家畅所欲言，贡献了真知灼见，论坛取得圆满的学术效果。

上海研究院是中国社会科学院与上海市人民政府合作建立的研究机构，是中国特色新型智库之合作型智库。上海研究院在“思想引领未来”的理念下借助中国社会科学院的优质智力资源和学术交流资源开展科研活动，总结上海经验、讲好上海故事、服务国家战略、扩大世界影响，为实现国家战略和上海的经济社会发展贡献力量。

世界上著名的智库都有自己独立的智库报告和专题论坛。它们的智库报告被众多的智库转发，被众多的学者引用，对领导人决策起到了重要的支撑作用；它们的专业论坛都会吸引众多的世界级专家学者和政要前来参与、发表演讲和交流思想。这些都奠定了其作为世界知名智库的地位。上海研究院要想成为国内一流、世界知名的智库必须要有自己稳定的智库产品和高水平的专题论坛。中国特色社会主义政治经济学系列高端论坛就是在这种背景下应运而生的。我们希望论坛每年拟定一个主题，邀请国内顶尖的专家学者进行研讨，推动中国特色社会主义政治经济学的学科建设和话语体系建设。

前　言

在本届论坛的论文集与大家见面的时刻，我们衷心感谢全国政协委员、上海研究院首席专家、中国社会科学院经济研究所原所长裴长洪，他对论坛的举办倾注了大量的心血，从论坛主题的确定到演讲专家的确定，无不体现他的用心；我们衷心感谢复旦大学马克思主义研究院的周文教授，他是此次论坛成功举办的推动者，从论文的征集到论文的审读，从会议日程的设置到论坛论文集的编辑审定，处处体现了他的工作能力与效率；我们衷心感谢上海研究院规划与合作处的各位同事，他们在论坛筹备和会务工作中事无巨细、兢兢业业，为论坛的成功举办和论文集的顺利出版做出了贡献。当然，我们还要衷心感谢出席论坛的各位专家学者，没有他们的拨冗参加和精彩演讲，这本论文集也不会顺利出版。最后，我们衷心感谢出版社的责任编辑，是他们的辛勤工作保证了这本论文集从计划成为现实。

首届中国特色社会主义政治经济学高端论坛的论文集正式出版了。我们希望它是我们工作的新起点，上海研究院将牢记建院初心，砥砺前行，认真贯彻落实习近平新时代中国特色社会主义思想和习近平总书记在经济社会领域专家座谈会上的讲话精神，在努力发展中国特色社会主义政治经济学的学科建设中做出更大的贡献。

上海研究院常务副院长　赵克斌

2022 年 4 月

目录

中国共产党对社会发展阶段理论的百年探索

裴长洪*

中国共产党对经济理论的探索贯穿中国共产党百年历史。习近平总书记提出要把握新发展阶段，实际上中国共产党对社会发展阶段理论的百年探索问题与中国共产党的百年历史有关，发展阶段理论实际上也是对中国国情研判的理性总结，即如何认识当今经济社会及其性质。

发展阶段理论在中国共产党的百年历史上，一直都是一个重大理论问题。幼年时期的中国共产党对中国社会的性质以及社会面临的主要问题还没有太多的认识，当时中国共产党的政治目标是要进行社会革命，宣传的是要“推翻资产阶级政权，建立无产阶级专政”，这些都体现了幼年的中国共产党对中国

* 裴长洪，中国社会科学院经济研究所研究员，中国社会科学院大学特聘教授，第十三届全国政协委员。主要研究方向：中国开放型经济、中国特色社会主义政治经济学。

经济社会的性质仍缺乏认识。

中国共产党在早期成立过程中，始终在探讨发展阶段理论这个问题，一直到 1925 年党的四大才对此有了较多的认识。毛泽东在《中国社会各阶级的分析》中，对农村、农民问题进行了深入考察，对中国半殖民地半封建的社会性质有了比较充分的认识。1931 年 11 月颁发的《中华苏维埃共和国宪法大纲》中的很多表述与以往的政策纲领区别不大，但是增加了农村、农民的内容。至于中国社会的性质、中国经济社会的发展阶段、中国革命的发展阶段等问题，都是到后来才逐渐厘清的。

毛泽东从长期的军事斗争实践中深化了对中国社会经济发展的认识。秋收起义失败后，毛泽东带领起义军来到井冈山，当时的共产国际没有对这支革命队伍提供任何资助。共产国际对中国革命的支持仅仅是给上海的中央及其机构提供一些经费上的资助，使在上海的中央部分成员每月能领到几块大洋的生活费，所以那时井冈山革命根据地的创建是异常艰难的。而毛泽东在这段时期却深入探讨了很多中国革命中的实际问题，并结合当时的中国社会实际情况撰写了很多军事文章，比如《中国的红色政权为什么能够存在?》《井冈山的斗争》等。毛泽东始终在思考，“我们打的到底是一场什么仗?”最终他认识到这是一场中国共产党领导的农民战争。毛泽东通过指导中国革命战争认识中国社会。

1939 年底 1940 年初，毛泽东先后发表了《〈共产党人〉发刊词》《中国革命和中国共产党》《新民主主义论》等文章，这标志着比较系统的中国化新民主主义理论和新民主主义政治经济学的形成，这是经过了多少年的艰辛探索才取得的成就。红军五次反“围剿”，前三次的胜利都来之不易，这与毛泽东苦口婆心地劝说其他领导人不无关系。然而到了第五次反“围剿”，由于共产国际派来中国的军事顾问李德的错误指挥，第五次反“围剿”失败了。中国共产党探索了18年才搞清楚了新民主主义历史阶段的总目标、总路线和总政策，提出了中国革命的两个历史阶段，即新民主主义革命阶段和社会主义革命阶段。中国共产党思考了18年，才明白了当时的中国处于什么阶段，而这些就是对发展阶段的认识。此后中国共产党又制定了新民主主义革命的三大经济纲领，这就是：“没收封建阶级的土地归农民所有，没收四大家族为首的垄断资本归新民主主义国家所有，保护民族工商业。”①

新中国成立以后，中国共产党提出了社会主义现代化建设的明确目标，直到今天，我们依旧在为实现这个总目标而不懈努力。从三届全国人大一次会议提出的“四个现代化”，到党的十九届五中全会提出的新的现代化目标，即实现国家治理体系和治理能力现代化，我们的总目标也随着时代的发展而不断变化。如何通过认识国情和发展阶段来实现总目标，这是一个新问题。1951年2月，毛泽东在中央政治局扩大会议上提出了

① 中国社会科学院经济研究所：《中国资本主义工商业的社会主义改造》，人民出版社，1978，第50页。

“三年准备，十年计划经济建设”的思想，[①] 然而在现实中我国经济却发展得非常迅速，超乎预期。1953 年国营经济和农村合作经济的比重发展得相当快，所以当时就提出了党在过渡时期的总路线，即“一化三改”。

社会主义改造完成后，就要思考如何实现社会主义工业化的问题。当时毛泽东讲要用 50 年的时间才可以完成社会主义工业化。[②] 其实毛主席的很多判断都十分准确，比如他在 20 世纪 50 年代中期就说过，“要使中国变成富强的国家，需要五十到一百年的时光”[③]，这便与我们的第二个百年奋斗目标极其吻合。

在实现社会主义现代化这一百年的时间里，我们要分两步走：第一步，从 2020 年到 2035 年，基本实现社会主义现代化；第二步，从 2035 年到本世纪中叶，在基本实现现代化的基础上，把我国建成富强民主文明和谐美丽的社会主义现代化强国。毛主席当时设计了“两步走”战略，其实后来的“两步走”也是继承了他的思想。中国共产党人的很多思想，包括利用外资的思想其实也都与毛主席的相关思想密不可分。

社会主义初级阶段理论最早是由叶剑英同志在 1979 年 9 月庆祝中华人民共和国成立三十周年大会上的讲话中提出的。他当时指出我国“社会主义制度还处在幼年时期”，“在我国实现

① 中共中央党史研究室：《中国共产党历史》（第 2 卷 · 上册），中共党史出版社，2011，第 123 页。

② 《毛泽东文集》（第 6 卷），人民出版社，1999，第 390 页。

③ 《毛泽东文集》（第 7 卷），人民出版社，1999，第 124 页。

现代化，必然要有一个由初级到高级的过程”。[①] 这就是社会主义初级阶段理论的最早阐释。邓小平同志也在1980年的讲话中指出，总的来说，我们“不要离开现实和超越阶段采取一些‘左’的办法，这样是搞不成社会主义的”[②]。他在1987年8月的讲话中明确指出，“社会主义本身是共产主义的初级阶段”[③]。从1979年叶剑英首次提出“社会主义初级阶段”的理论雏形到1987年邓小平明确指出“我们中国又处在社会主义的初级阶段，就是不发达的阶段”[④]，社会主义初期阶段理论逐步形成。

1981年6月，党的十一届六中全会通过的《关于建国以来党的若干历史问题的决议》，还有六年后的党的十三大，都始终明确指出我国仍处于社会主义初级阶段。那么社会主义初级阶段是从什么时候开始的呢？它是从1956年开始的。这是江泽民同志在党的十五大报告中指出的，在党的十三大报告中也是这么说的。我们国家在20世纪50年代中期进入社会主义初级阶段，此前一个阶段我们称为新民主主义阶段。

现在习近平总书记做出我国进入新发展阶段的战略判断，是一个非常重要的判断，是中国共产党人对中国经济社会发展

① 《叶剑英选集》，人民出版社，1996，第527、539页。

② 中央财经领导小组办公室：《邓小平经济理论学习纲要》，人民出版社，1997，第14页。

③ 《邓小平文选》（第3卷），人民出版社，1993，第10页。

④ 《中国共产党简史》编写组编著《中国共产党简史》，人民出版社，中共党史出版社，2021，第255页。

阶段的重大表述，这背后是有着深刻的理论依据、历史依据和现实依据的。我们当前的这个阶段是从站起来、富起来到强起来的历史性、跨越性的阶段，也是我国社会主义初级阶段向更高阶段迈进的重要阶段。习近平总书记的讲话中包含了很多重大理论问题，比如，新发展阶段理论和社会主义初级阶段理论究竟是什么关系？新发展阶段需要经历多长时间？第二个百年奋斗目标实现以后，我国的社会主义是否能够进入社会主义发展的更高阶段？是不是说百年奋斗目标实现以后，我们所讲的社会主义初级阶段就结束了呢？这些习近平总书记没有讲，但都是经济学理论要研究的重大问题，也是中国特色社会主义政治经济学要研究的重大问题。这是我们现在还在做研究的经济学理论工作者要力图回答的问题，这是时代交给我们的问卷。

迈向新发展阶段对中国经济学有什么要求呢？我国经济进入高质量发展阶段，我们的目标从全面建成小康社会转向了全面建设社会主义现代化强国，发展模式也变成了“以国内大循环为主体、国内国际双循环相互促进”的新发展格局。所以我们的经济学理论也要向构建具有中国特色的原创性理论体系迈进，这也就是我们讲的新发展阶段的经济学应该是自立自强的。

回顾2016年习近平总书记在哲学社会科学工作座谈会上的讲话，那次讲话可以说是史无前例的。虽然有毛主席在延安文艺座谈会上的讲话，但是其覆盖范围比较窄，主要是讲文学艺术。新中国成立以后毛主席就全国宣传思想工作也讲过一些话，但是对整个哲学社会科学的全面阐述习近平总书记是第一个，或者说从中国共产党的领袖来讲是第一个。所以“5·17”讲话（2016年5月17日习近平在哲学社会科学工作座谈会上的讲话）肯定是重大历史性文献，我建议大家要好好学习。习近平总书记在那次讲话中对我国的哲学社会科学做了总体判断。他指出，虽然我们已经“推出一大批重要学术成果，为坚持和发展中国特色社会主义作出了重大贡献”①，但是仍然存在一些问题，比如“学科体系、学术体系、话语体系建设水平总体不高，学术原创能力还不强；哲学社会科学训练培养教育体系不健全，学术评价体系不够科学”②，也就是存在“有数量缺质量、有专家缺大师的状况”③。我们的发展方向就是要坚持马克思主义指导地位，习近平总书记讲“马克思主义具有鲜明的实践品格，不仅致力于科学‘解释世界’，而且致力于积极‘改变世界’”④。习近平总书记把我们现在讲的马克思主义理论界定得很清楚，那些不与实践相联系，对实践没有作用的，便不能称之为理论。我们有些同志觉得学术的东西别人不理解没

---

① 习近平：《在哲学社会科学工作座谈会上的讲话》，《人[illegible]报》2016年5月19日，第2版。

② 习近平：《在哲学社会科学工作座谈会上的讲话》[illegible]民日报》2016年5月19日，第2版。

③ 习近平：《在哲学社会科学工作座谈会上的[illegible]，《人民日报》2016年5月19日，第2版。

④ 习近平：《在哲学社会科学工作座谈[illegible]话》，《人民日报》2016年5月19日，第2版。

关系，我自己搞自己的，那其实不叫理论，而叫“文字游戏”。我国哲学社会科学的重要任务是继续推进马克思主义中国化、时代化、大众化，这也是前后关联的。而经济学理论研究中存在的问题是，在建设以马克思主义为指导的学科体系、学术体系、话语体系上功力不足，高水平成果不多。同时，马克思主义在有些领域被边缘化、空泛化、标签化，在一些学科中“失语”、教材中“失踪”、论坛上“失声”，这种状况必须引起我们的高度重视。

以上是习近平总书记在2016年讲到的，现在回顾过去的这五年，这种状况是有改变的，但是根本性的改变还谈不上，这其中最重要的是，要解决理论和学术研究的目的性问题。世界上没有纯而又纯的哲学社会科学，我们的方向是要加快构建中国特色经济学理论体系，从而指导中国特色经济学学术体系与话语体系。我们要在各方面都充分体现中国特色，而中国特色经济学理论又是由中国特色现代化的基本性质与特点决定的。习近平总书记在2021年第9期《求是》杂志上发表了一篇题为《把握新发展阶段，贯彻新发展理念，构建新发展格局》的文章，其[illegible]有一段话需要我们下一番功夫去认真学习研究。习近平总书记指出：“我们建设的现代化必须是具有中国特色、符合中国实际[illegible]。”第一，我国的现代化“是人口规模巨大的现代化”。美国[illegible]代化国家，有3.3亿人口，日本也是现代化国家，有1亿多人[illegible]而其他现代化国家都没有超过1亿人口，只有中国是14亿人口[illegible]是中国的特点。第二，我国的现代化

全面开启建设社会主义现代化国家的若干重点解析

程恩富*

习近平总书记在关于《中共中央关于制定国民经济和社会发展第十四个五年规划和二〇三五年远景目标的建议》的起草情况的说明中简要阐述了五个重点问题，我们应当联系有关理论和实际进行解析，以便更好地深刻领悟和认真贯彻。

第一，以推动高质量发展为主题。尽管经济、社会、文化、生态等各领域都要体现高质量发展的要求，但国民经济高质量发展是基础和重点。为此，首先，要发展高质量科技。应消除主要依赖引进外国科技的西方比较优势理论和战略，牢固确立自主知识产权优势理论和战略，积极构建关键核心技术的新型

* 程恩富，中国社会科学院学部委员，中国社会科学院大学首席教授，世界政治经济学学会会长。主要研究方向：中外马克思主义政治经济学。

举国体制，组织攻克经济社会各领域“卡脖子”的核心技术和技术标准难关。如高品质的芯片、科研仪器、工业软件、飞机发动机、农业种业等。其次，要发展高质量名牌。应消除主要依赖外国品牌的惰性思维、贱卖中国原有名牌和以贴牌经营为荣的经营模式，要在国民经济各行业掀起自主创造中外名牌的热潮，谋划参与国内外的高端竞争。最后，要发展高质量公司。应消除过分依赖私有小微企业的不利倾向，在大中小企业并举发展的同时，重点培育以国有大企业为主的高质量企业集团和跨国公司。只有在科技、品牌和企业三方面实现高质量发展，才能真正推动整个国民经济的高质量发展，落实质量第一、效益优先的要求，切实转变发展方式，推动质量变革、效率变革、动力变革。

第二，以构建国内国际新的“双循环”为格局。改革开放以来，我国逐渐形成市场和资源“两头在外”“三来一补”“贴牌被控”“市场换技术”为特征的外向型发展格局，总体以“世界加工厂”发展模式参与国际大循环，这从短时期看对我国国计民生有独特作用。但此低端开放和大循环模式的负效应是明显的，如强调技术引进而落实自主科技不足、失去大片市场而换得的核心技术不多、外贸和经济体量大而质量不高、生态环境和资源成本大而整体收益不大。当前，美国及其盟国不断加大对我国的科技和经贸打压，而国内又必须高质量发展国计民生，因而构建以国内大循环为主体、国内国际双循环相互促进的新发展格局，便显得更为必要和迫切。为此，首先，要更加

注重国内经济良性循环。在生产、流通、分配、消费的社会再生产各个领域，均必须把发展立足点放在国内，更多依靠国内市场实现经济发展。其次，要更加注重对外开放综合效益。新发展格局是开放的国内国际双循环，但那种为不计成本和长远效益的开放、随意让外资控股的合资开放、违反《中华人民共和国外商投资法》的非对等开放等现象，应当及时得到纠正。最后，要更加注重扩大内需为主战略。应高效处理好供给与需求的关系，畅通企业资本的循环和周转，提升产业链、供应链和价值链的完整性，使国内市场成为最终需求的主要来源，形成需求牵引供给、供给创造需求的更高水平动态平衡。西方的教训告诫我们，给私有企业大规模减税的改革会降低经济增长速度和较快拉大贫富差距，最终无益于国计民生。

第三，以促进全体人民共同富裕为目标。在 2035 年基本实现社会主义现代化远景目标中，建议稿文件首次提出“全体人民共同富裕取得更为明显的实质性进展”，在改善人民生活品质部分突出强调了“扎实推动共同富裕”，要求向着这个目标更加积极有为地进行努力。这既是社会主义的本质要求，也是人民群众长期的共同期盼。为此，首先，在观念上要除旧布新。应消除只把共同富裕视为最终目标而非日趋推进过程、先搞贫富悬殊再搞共同富裕、贫富差距越大越有利于发展、只需提高中低收入而无须调控超级富豪收入、政府不用调控私有化市场竞争导致的巨大贫富差距、企事业与公务单位人员的财富和收入无须协调平衡等错误观念，真正确立全体人民共富共享共福

的理念。其次，要采取产权政策。应通过在城乡做强做优做大国有企业、集体企业和合作企业，以及推行民营企业职工持股等主要措施（这与孙中山强调通过节制私人大资本来彰显均贫富的民生主义是相通的），来缩小在企业内部进行的国民收入初次分配差距，再辅之以政府的国民收入再分配等措施，才能真正“扎实推动共同富裕”，否则，只会在推动共同富裕的口号中使亿万富豪的增速和总量领先世界，[①] 从而较快扩大贫富差距。最后，要采取税收政策。应改变对资本收益轻税而对劳动收益重税的个人所得税的格局，考虑尽快开征退出国籍税和遗产税，开征每人参考各地房价的免税住房价格为基点（而不以每人免税住房面积或套数为基点）的房产税，以及严堵在国内赚大钱后的富豪通过海外信托转移巨额财富的漏洞。

第四，以统筹发展和安全为要义。发展和安全都是以人民为中心、为全体人民根本利益服务的。安全是发展的前提，发展是安全的保障。观察国内外形势，我国已进入各类矛盾和风险易发期。为此，首先，要消除对新自由主义的错觉。有舆论以为我国改革开放的成就是打着中国特色社会主义旗帜而实际推行新自由主义的结果，因而认为私有化（民营化）、私有垄

---

① 雅虎财经网 2020 年 2 月 26 日文章，原题为《胡润全球富豪榜：中国 10 亿美金富豪超过美国和印度之和》。此文写道：“中国的 10 亿美金富豪数量仍在以创纪录速度增长，人数（799）相当于排名二、三位的美国（626）和印度之和。”

断化、唯市场化、贫富分化和外资化有利于发展和安全，而无视唯物史观关于经济基础决定上层建筑的原理。这一错觉对防范和化解发展和安全方面的各类矛盾和风险极为有害，应在思想和措施上加以自觉纠正。其次，要坚持总体安全观。应构建集政治安全、国土安全、军事安全、经济安全、文化安全、社会安全、科技安全、信息安全、生态安全、资源安全、核安全等于一体的国家安全体系，实现富国、强国、强军、强文、强学、强心的统一。人民有信仰，国家才有力量，民族才有希望，因而要格外重视强文、强学、强心问题。

第五，以坚持系统观念为方法。系统观念是从整体出发来思考系统整体和组成系统整体各要素的相互关系，从本质上说明其结构、功能、行为和动态，以达到系统整体最优的目标，是具有基础性的思想和工作方法。全面建成小康社会后，我国发展环境面临深刻复杂变化，发展不平衡不充分问题依然突出，经济社会发展中矛盾错综复杂。上述推动高质量发展、实现国内国际双循环相互促进、促进全体人民共同富裕、统筹发展和安全等问题，均必须从系统观念出发加以谋划和解决，但显然还不够。为此，首先，要系统弄通不同发展阶段的经济制度。“社会主义初级阶段是打基础的阶段，也是向社会主义中级阶段和高级阶段的过渡阶段。在这一过程中，中国特色社会主义经济制度也会产生相应的质变。这种质变，只能是公有制经济越来越发展壮大、按劳分配越来越成为分配主体的历史过程，只能是社会主义国家调控力量越来越强大的过程。”[1] 也就是说，应从产权、分配和调节三大经济制度体系在不同发展阶段的重要差别和趋势，来系统认知和把握当下与未来经济。其次，要系统弄通不同社会的政治制度。其中，人民代表大会制度是坚持党的领导、人民当家做主、依法治国有机统一的根本政治制度安排，是支撑中国国家治理体系和治理能力的根本政治制度；中国共产党领导的多党合作和政治协商制度、民族区域自治制度以及基层群众自治制度等，是基本政治制度。这与西方垄断资产阶级专政和民主的国体与政体有着本质和形式的重要区别。最后，要系统弄通不同社会的文化制度。其中包括以社会主义核心价值体系和核心价值观为主体、包容多样性的文化传播制度，以公有制为主体、多种所有制共同发展的文化产权制度，以文化产业为主体、发展公益性文化事业的文化企事业制度，以民族文化为主体、吸收外来有益文化的文化开放制度，以党政责任为主体、发挥市场积极作用的文化调控制度。在这一制度体系中，强调文学艺术、教育学术、宣传媒体等均应以社会效益为首，尽量结合经济效益，而非“唯市场化”“收益挂帅”。

---

① 刘国光：《中国政治经济学研究中的若干基本理论》，《政治经济学研究》2020 年第 1 期。

如何构建中国特色社会主义政治经济学

韩保江*

习近平总书记指出，“中国特色社会主义最本质的特征是中国共产党领导，中国特色社会主义制度的最大优势是中国共产党领导”①。中国特色社会主义政治经济学绕不开的一个问题，就是如何把中国共产党百年经济思想的演变学术化、范畴化、理论化。如果中国特色社会主义政治经济学离开中国共产党的经济思想魂魄，政治经济学就是一个壳子、一个空架子。

要反映中国共产党百年经济思想的变化，就要对中国共产党百年经济思想持久的具有生命力的理论品格有更真切的认识。通过总结中国共产党一路走过来的思想理论创新，我们发现在创新中有几个一百年未变的品格，这些品格也是中国特色社会

---

* 韩保江，中共中央党校（国家行政学院）经济学教研部主任，教授，习近平新时代中国特色社会主义思想研究中心研究员。

① 沈传亮主编《百年大党的17个关键词》，人民出版社，2021，第233页。

主义政治经济学研究要突出的特点。

第一，人民性。中国特色社会主义政治经济学之所以具有生命力，是因为它始终是把为人民谋幸福、实现人民利益最大化，作为我们党探索经济规律、发展自己经济思想的基本点和立足点。人民性就是要处理好需求与供给的最根本关系，人民性实际上就是要研究在“人民”范畴的发展过程中人民需求规律的演变。习近平总书记讲“人民群众对美好生活的向往就是我们的奋斗目标”，研究人民需求，通过发展为了人民、发展依靠人民和让人民群众共享发展成果，实现全体人民共同富裕，就是中国特色社会主义政治经济学研究的基本目的，也是基本立场。

第二，政治性。亚当·斯密的政治经济学中的“政治”没有明确内涵，而中国特色社会主义政治经济学中的政治有其特殊的内涵。其内涵很丰富，至少有两条是我们永远也不能忘记的：一是党性；二是社会主义性。

第三，科学性。满足人民需要，建设社会主义不是盲目的，我们曾经形而上学过，曾经经验主义过，甚至曾经教条主义过，但是我们始终遵循了马克思主义政治经济学，揭示了人类社会发展的规律，特别是生产力和生产关系基本矛盾的运动规律，不仅找到了中国快速发展的道路，而且极大地避免了在发展当中犯颠覆性的错误。我们党提出了对三大规律的认识，在党的十八大之后习近平总书记又提出对经济规律、自然规律、社会规律的认识，这些都为我们更好地发展自己、不犯颠覆性的错误创造了条件。

第四，实践性。中国的发展没有任何可供学习的教科书，也没有任何可供参考的现成的经验。中国共产党始终本着科学的态度和按客观规律办事的理念，从中国的国情出发来指导实践。因此，我们不仅要从实践当中总结经验，更要研究党的经济理论如何与实践形成良性互动，这也是经济学在总结党的经济思想中要考量的问题。

第五，开放性。从确立党的纲领和发展路线那天起，中国共产党就是在国际大环境下成长起来的。总的来看，开放是共产党百年来一贯的品格。特别是改革开放以后，我们党坚持开放的思想，尤其用开放的态度对待西方的社会科学，西方的经济学为社会主义市场经济理论提供了很好的借鉴。

第六，民族性。中国共产党在把马克思主义理论同中国具体实践相结合的过程中，始终没有忘记我们是从哪里来的。毛泽东思想的形成是这样，邓小平理论、江泽民的“三个代表”重要思想、胡锦涛的“科学发展观”，以及习近平新时代中国特色社会主义思想的形成，也始终没有离开中国传统文化、传统哲学。因此，中国共产党成立百年来的这些理论品格也应该成为中国特色社会主义政治经济学构建和体系建设要遵循的理论品格。

中国共产党对社会主义经济发展理论的创新和发展

简新华*

社会主义经济发展理论，总的来说，是关于什么是社会主义经济发展、为什么发展、为谁发展、发展什么、经过什么发展阶段和怎样发展的理论。迄今，中国共产党在马克思和恩格斯的经典社会主义经济发展理论及列宁和斯大林的社会主义经济发展理论的基础上，参考借鉴发展经济学的有关理论，并紧密联系中国社会主义经济发展的实践，全面深入地创新和发展了社会主义经济发展理论，形成了比较系统、完整、明确、具体的中国特色社会主义经济发展理论，这是对马克思主义政治经济学特别是社会主义政治经济学的重大贡献之一，也是新中国社会

* 简新华，武汉大学经济发展研究中心教授，博士生导师，福州大学马克思主义学院讲座教授。主要研究方向：中国经济发展和改革、社会主义经济理论。

主义经济能够取得举世公认的巨大发展的重要原因之一。在建党百年之际，本文对其进行了总结归纳，以期更好地发展社会主义经济发展理论和指导全面建设社会主义现代化强国的实践。本文的主要内容和框架结构如下。

第一，集中论述中国共产党对社会主义经济发展理论的创新和发展。本文主要是对中国共产党社会主义经济发展理论的创新和发展的总结归纳，是对社会主义经济发展基本理论的学理性的总结归纳，而不是对中国社会主义经济各个不同发展阶段主要经济政策的罗列和汇编。无论在什么时代、实行什么样的社会制度，所有国家的基本社会活动或者说基本任务都是发展经济，都会遇到并且需要解决相同的问题，而且社会制度对经济发展会产生极大的影响，在不同的社会制度中经济发展的目的和方式会有很大的差别，所以经济发展理论，不仅有反映经济发展普遍特征和规律的普遍适用的一般经济发展理论，而且有反映不同社会性质、特点和特殊经济发展规律的资本主义经济发展理论、社会主义经济发展理论。虽然中国共产党对一般经济发展理论也有重大创新和发展，但本文只集中论述中国共产党对社会主义经济发展理论的创新和发展。

第二，主要论述社会主义市场经济理论、社会主义经济制度及其改革理论和对外开放理论之外的社会主义经济发展理论。广义的完整的经济发展理论，特别是其中的发展方式理论，应该包括经济运行方式（或者说体制机制）即资源配置方式理论、社会主义经济制度及其改革理论、社会主义国家对外经济联系理论。因为，资源的优化配置是经济发展的核心问题，所有制和分配方式等基本经济制度对资源配置和经济发展具有决定性作用，改革开放是强国之路，经济制度的不断改革创新完善，是社会主义经济发展的强大动力，特别是在经济全球化条件下的社会主义国家的经济发展还必须正确开展对外经济联系、充分有效利用国内国外两个市场和两种资源。所以，广义的完整的社会主义经济发展理论也应该包括社会主义国家的经济运行方式理论、社会主义经济制度及其改革理论和对外经济联系理论。中国共产党在这三个方面的创新和发展是突出的、巨大的，创立了崭新的社会主义市场经济理论和社会主义经济改革理论、形成了系统的社会主义对外开放理论，但由于本文篇幅所限，只能突出重点，主要论述这三部分以外的经济发展理论的创新和发展。

第三，不是按照发展观和发展理念以及经济发展的目的、目标任务、动力、阶段、影响因素、道路、方式、战略的内容和顺序，而是按照经济发展理论研究的基本问题和逻辑顺序展开论述。虽然科学发展观和新发展理念是中国共产党对社会主义经济发展理论最大的、最集中的贡献，但是由于发展观和发展理念是对整个经济发展的总体看法和观念，其具体内容涉及经济发展的目的、目标任务、动力、阶段、影响因素、道路、方式、战略等方方面面，而且经济发展道路、方式、战略的内涵和外延也存在界定不一、边界不清、内容相互交叉的情况，甚至包括经济运行方式、经济改革和对外经济联系的内容，所以本文为了内容简明集中、避免重复交叉论述，按照经济发展理论研究的基本问题和逻辑顺序，即什么是社会主义经济发展、为什么发展、为谁发展、发展什么、经过什么发展阶段和怎样发展等来展开论述。

第四，论述的是相对于马克思和恩格斯的经典社会主义经济发展理论及列宁和斯大林发展了的社会主义经济发展理论而言的中国共产党在基本理论方面的创新和发展。有不足才需要创新和发展，有比较才能清楚明白地知道创新和发展在何处。由于历史的局限性和实践的局限性，马克思和恩格斯的经典社会主义经济发展理论及列宁和斯大林的社会主义经济发展理论存在不足和缺陷，中国共产党对社会主义经济发展理论的创新和发展正是相对于经典的和苏联发展了的社会主义经济发展理论的创新和发展，克服了不足、弥补了缺陷。因此，本文先简略说明马克思和恩格斯的经典社会主义经济发展理论的基本原理及列宁、斯大林的社会主义经济发展理论的发展情况，包括在每个方面应该坚持和继承的主要内容及其存在的不足，再总结归纳中国共产党对社会主义经济发展理论创新和发展的具体内容。

一　中国共产党在什么是社会主义经济发展、为什么发展、为谁发展、发展什么方面的创新和发展

（一）马克思和恩格斯的相关理论

关于什么是社会主义经济发展，马克思和恩格斯更多探讨

的是生产发展、发展生产力，没有对经济发展和社会主义经济发展的内涵外延做出明确的界定和说明。在社会主义经济为什么发展、为谁发展、发展什么方面，马克思和恩格斯在《共产党宣言》中提出，共产主义将“尽可能快地增加生产力的总量”①。他们还多次强调，在未来社会“生产将以所有人的富裕为目的”②，“所有人共同享受大家创造出来的福利”③。恩格斯在《共产主义原理》中指出：“在这种社会制度下，一切生活必需品都将生产得很多，使每一个社会成员都能够完全自由地发展和发挥他的全部力量和才能。”④ 在《卡尔·马克思》一书中还进一步指出，社会主义社会能够“使社会生产力及其成果不断增长，足以保证每一个人的一切合理的需要在越来越大的程度上得到满足”⑤。从这些论述可见，马克思和恩格斯实际上认为社会主义必须尽可能快地发展生产力、生产生活必需品，社会主义经济发展的目的就是要满足全体社会成员的需要、实现所有人的富裕即共同富裕，最早提出了发展成果共享的理念，但是关于社会主义经济为什么发展、为谁发展、发展什么方面的理论，则过于简单，不太具体、清晰、全面。

（二）列宁和斯大林的相关理论

在社会主义经济为什么发展、为谁发展方面，列宁和斯大

① 《马克思恩格斯选集》（第1卷），人民出版社，1995，第293页。
② 《马克思恩格斯全集》（第46卷·下册），人民出版社，1980，第222页。
③ 《马克思恩格斯选集》（第1卷），人民出版社，1995，第243页。
④ 《马克思恩格斯选集》（第1卷），人民出版社，1995，第237页。
⑤ 《马克思恩格斯选集》（第3卷），人民出版社，1995，第336页。

林充实发展了经典的社会主义经济发展理论。列宁更加明确地指出："只有社会主义才可能广泛推行和真正支配根据科学原则进行的产品的社会生产和分配，以便使所有劳动者过最美好的、最幸福的生活。只有社会主义才能实现这一点。而且我们知道，社会主义一定会实现这一点，而马克思主义的全部困难和它的全部力量也就在于了解这个真理"[①]；"在这种社会制度里，共同劳动所创造的财富将归全体劳动者享用而不是归一小撮富人享用"[②]。他强调："劳动生产率，归根到底是使新社会制度取得胜利的最重要最主要的东西。资本主义创造了在农奴制度下所没有过的劳动生产率。资本主义可以被最终战胜，而且一定会被最终战胜，因为社会主义能创造新的高得多的劳动生产率。"[③] 斯大林则首次提出了社会主义基本经济规律，指出："社会主义基本经济规律的主要特点和要求，可以大致表述如下：用在高度技术基础上使社会主义生产不断增长和不断完善的办法，来保证最大限度地满足整个社会经常增长的物质和文化的需要"；"社会主义生产的目的不是利润，而是人及其需要，即满足人的物质和文化的需要"，并且创造"从社会主义过渡到共产主义的条件"[④]。

在发展什么方面，列宁和斯大林也不再只是简单地说发展

---

① 《列宁选集》（第3卷），人民出版社，1995，第546页。

② 《列宁全集》（第8卷），人民出版社，1986，第193页。

③ 《列宁选集》（第4卷），人民出版社，1995，第16页。

④ 斯大林：《苏联社会主义经济问题》，人民出版社，1972，第31、52、62页。

生产力、生产生活必需品，而是进行比较具体、全面、深入的阐述。列宁指出，“共产主义就是苏维埃政权加全国电气化”，“只有当国家实现了电气化，为工业、农业和运输业打下了现代化大工业的技术基础的时候，我们才能得到最后的胜利”。他还提出，“社会主义的物质基础只能是同时也能改造农业的大机器工业”①。斯大林也提出：“工业是社会主义和社会主义建设的基础、开端和终结，而要发展工业就必须从农业开始”；“工业与农业的相关关系问题、无产阶级与农民的相互关系问题，乃是建成社会主义经济问题的根本问题”②。这些论述说明，列宁和斯大林实际上提出实现工业化，工农业的机械化、电气化、现代化是社会主义国家经济发展的基本任务，发展了马克思、恩格斯经典的社会主义经济发展理论。但是，列宁和斯大林在为什么发展、为谁发展、发展什么方面的理论，并不成熟和完善，缺乏具体明确的消除贫困的理论，对什么是社会主义经济发展也没有做出明确具体的理论阐述。

（三）中国共产党的创新和发展

关于什么是经济发展，发展经济学针对第二次世界大战后发展中国家“有增长无发展”的情况提出了比较完整的概念。中国共产党参考借鉴了对发展的这一理解，提出社会主义经济发展不仅是指经济增长（即经济总量的增加或者说 GDP 的增

① 《列宁选集》（第 4 卷），人民出版社，1995，第 364、542 页。

② 《斯大林全集》（第 8 卷），人民出版社，1954，第 110～111 页。

加)，还包括经济结构的改善优化、经济质量和经济效益的提高、生态环境的保护美化、发展成果的共享、经济公平的实现、经济安全的保障和生活质量的提高等，第一次全面明确地回答了什么是社会主义经济发展的问题，阐明了社会主义经济发展的内涵和外延。

在为什么发展、为谁发展、发展什么方面，中国共产党都有创新和发展。中国共产党对此做出了明确界定。毛泽东提出："我们的根本任务已经由解放生产力变为在新的生产关系下面保护和发展生产力。"[①] 邓小平明确指出："贫穷不是社会主义"，"社会主义的本质，是解放生产力，发展生产力，消灭剥削，消除两极分化，最终达到共同富裕"。[②] 这些论述，不仅使我们对社会主义本质要求的理解更加全面、具体、深入，而且还说明了实现社会主义本质要求在所有制和分配方式等方面的制度保障。中国共产党提出，社会主义经济建设必须以人民为中心，目的就是要满足全体人民对美好生活的需要，并且为将来向共产主义过渡准备条件。首先必须要消灭贫穷，消除贫富两极分化，要做到幼有所育，学有所教，劳有所得，病有所医，老有所养，住有所居，弱有所扶。社会主义国家的根本任务是解放、保护和发展生产力，经济发展的主要任务是要实现社会主义的现代化。社会主义经济为什么发展、为谁发展、发展什么的理

---

① 《毛泽东文集》(第7卷)，人民出版社，1999，第218页。

② 《邓小平文选》(第3卷)，人民出版社，1993，第64、373页。

论，体现了当今时代的特点和要求，是更加全面深入的，也更为具体和明确。

二　中国共产党在社会主义经济发展阶段理论的创新和发展

（一）马克思和恩格斯的社会主义经济发展阶段理论

社会主义要经过什么样的发展阶段才能过渡到共产主义？经典的社会主义经济理论提出了由资本主义到过渡时期即通过社会主义革命推翻资本主义制度、建立社会主义制度的时期，再到社会主义即共产主义的第一阶段，最后进入共产主义高级阶段的社会主义发展阶段理论，但是没有明确指出过渡时期是指由推翻资本主义制度到基本建立社会主义制度的时期，还是到完全建成社会主义即开始向共产主义过渡的时期，过渡时期和社会主义时期会有多长，社会主义社会本身是否也要经过若干发展阶段，一国是否能够建成社会主义、进入共产主义，建成社会主义的具体标志和途径是什么，实现共产主义的具体条件和路径是什么等问题。

（二）列宁和斯大林的社会主义经济发展阶段理论

列宁在《国家与革命》中指出，过渡时期实际上是由资本主义社会过渡到共产主义社会的第一阶段即社会主义的时期，是实行无产阶级专政、建立社会主义制度的时期；共产主义社会的第一阶段或低级阶段是已经消灭了私有制、阶级、剥削，实行公有制和按劳分配，“富裕的程度还会不同”[①]，在经济等方面还带有旧社会的痕迹，国家正在消亡的阶段；共产主义社会的高级阶段是生产力高度发达，旧的分工和工农、城乡、体力劳动与脑力劳动“三大差别”消失，实行各尽所能，按需分配，国家完全消亡，实现所有人的自由全面发展的阶段。

斯大林提出了建成社会主义、过渡到共产主义“至少必须实现三个基本的先决条件”：一是“整个社会生产的不断增长”；二是“把集体农庄所有制提高到全民所有制的水平”，“使产品交换制来代替商品流通”；三是“必须把社会的文化发展到足以保证社会一切成员全面发展他们的体力和智力”。他强调：“只有把这一切先决条件全部实现之后，才可以从社会主义的公式‘各尽所能，按劳分配’，过渡到共产主义的公式‘各尽所能，按需分配’。”[②]列宁和斯大林对社会主义发展阶段的认识，虽然比马克思和恩格斯要具体明确一些，但依然存在不足。列宁和斯大林都没有明确提出社会主义经济发展本身是否还要经过若干发展阶段的理论。

（三）中国共产党在发展阶段方面理论的创新和发展

中国共产党在社会主义发展阶段理论上有重大创新和发展。毛泽东明确指出：“社会主义这个阶段，又可能分为两个阶段，

① 《列宁选集》（第3卷），人民出版社，1995，第195页。

② 斯大林：《苏联社会主义经济问题》，人民出版社，1972，第53~55页。

第一个阶段是不发达的社会主义，第二个阶段是比较发达的社会主义。后一个阶段可能比前一个阶段需要更长的时间。经过后一阶段，到了物质产品、精神财富都极为丰富和人们的共产主义觉悟极大提高的时候，就可以进入共产主义社会了。”① 邓小平提出：“社会主义本身是共产主义的初级阶段，而我们中国又处在社会主义的初级阶段，就是不发达的阶段。”② 习近平强调：“马克思主义是远大理想和现实目标相结合、历史必然性和发展阶段性相统一的统一论者，坚信人类社会必然走向共产主义，但实现这一崇高目标必然经历若干历史阶段。”他指出：“社会主义初级阶段不是一个静态、一成不变、停滞不前的阶段，也不是一个自发、被动、不用费多大气力自然而然就可以跨过的阶段，而是一个动态、积极有为、始终洋溢着蓬勃生机活力的过程，是一个阶梯式递进、不断发展进步、日益接近质的飞跃的量的积累和发展变化的过程。”③

中国共产党对社会主义发展阶段理论的最大贡献是，提出了社会主义初级阶段理论，认为 1956 年社会主义改造基本完成、社会主义制度基本建立以后，中国就是社会主义国家，但是处于社会主义初级阶段，主要任务是实现社会主义现代化、完善社会主义制度，直至建成健全成熟完善的社会主义。中国

---

① 《毛泽东年谱（1949～1976）》（第 4 卷），中央文献出版社，2013，第 264 页。

② 《邓小平文选》（第 3 卷），人民出版社，1993，第 252 页。

③ 习近平：《把握新发展阶段，贯彻新发展理念，构建新发展格局》，《求是》2021 年第 9 期。

共产党还指出，社会主义初级阶段本身也会经历解决温饱问题、小康社会、实现社会主义现代化等几个发展程度不同的阶段，使得我们对社会主义发展阶段的认识更全面深刻、更具体明确、更符合实际、更为科学。

三　中国共产党在怎样发展方面的创新和发展

（一）马克思和恩格斯的相关理论

在社会主义经济怎样发展方面，马克思在《资本论》中指出："大工业把巨大的自然力和自然科学并入生产过程，必然大大提高劳动生产率。"[①] 马克思还指出："按一定比例分配社会劳动的必要性，决不可能被社会生产的一定形式所取消，而可能改变的只是它的表现形式，这是不言而喻的"[②]；"真正的经济——节约——是劳动时间的节约（生产费用的最低限度——和降到最低限度）。而这种节约就等于发展生产力"[③]；"时间的节约，以及劳动时间在不同的生产部门之间有计划的分配，在共同生产的基础上仍然是首要的经济规律。这甚至在更加高得多的程度上成为规律"[④]。恩格斯则指出，在未来社会"社会的生产无政府状态就让位于按照社会总体和每个成员的需要对生

① 《资本论》（第 1 卷），人民出版社，1975，第 425 页。
② 《马克思恩格斯选集》（第 4 卷），人民出版社，1995，第 580 页。
③ 《马克思恩格斯全集》（第 46 卷・下），人民出版社，1980，第 225 页。
④ 《马克思恩格斯全集》（第 46 卷・上），人民出版社，1979，第 120 页。

产进行的社会的有计划的调节"[1]；"社会将按照根据实有资源和整个社会需要而制定的计划来管理这一切"[2]；"通过有计划地组织全部生产，使社会生产力及其成果不断增长，足以保证每一个人的一切合理的需要在越来越大的程度上得到满足"[3]。恩格斯在《自然辩证法》中指出，"人则通过他所作出的改变来使自然界为自己的目的服务，来支配自然界。这便是人同其他动物的最终的本质的差别，而造成这一差别的又是劳动。但是我们不要过分陶醉于我们人类对自然界的胜利。对于每一次这样的胜利，自然界都对我们进行报复"[4]。从这些论述和马克思、恩格斯的其他相关论述中可见，马克思主义政治经济学提出了社会生产和再生产、社会分工专业化协作、社会化大生产的基本特征和普遍要求、工业化和城市化的道路和利弊得失等方面的基本原理，揭示了按比例分配社会劳动，即社会生产各部门之间的比例关系必须协调平衡、尽可能节约劳动时间、积累是扩大再生产的源泉、内涵扩大再生产比外延扩大再生产效率更高、集约经营方式比粗放经营方式更先进而且效率也更高、自然界对人类改造自然活动的报复等普遍规律，提出了最早的协调、绿色的理念，这些都是适用于社会主义经济发展的基本原理，而且马克思和恩格斯提出社会主义经济必须实行计

---

① 《马克思恩格斯选集》（第 3 卷），人民出版社，1995，第 630 页。
② 《马克思恩格斯选集》（第 1 卷），人民出版社，1995，第 241 页。
③ 《马克思恩格斯选集》（第 3 卷），人民出版社，1995，第 336 页。
④ 《马克思恩格斯选集》（第 4 卷），人民出版社，1995，第 383 页。

划调节和管理，也是社会主义经济发展的重要措施。但是，其没有进一步具体说明社会主义社会应该怎样增加生产力的总量、如何合理有效地实行社会主义经济的计划调节和组织管理，更没有形成社会主义经济怎样发展的系统理论。

（二）列宁和斯大林的相关理论

十月社会主义革命后苏俄开始实行的是以工业和土地全部国有化、国内贸易国有化、余粮征集制、实物配给制、劳动义务制、基本取消商品货币为主要内容的“战时共产主义”经济政策，但是实践很快证明这种制度安排不可持续。列宁吸收了战时共产主义的经验教训，实行了以用固定的粮食税代替余粮征集制、部分恢复私营经济、废除实物配给制、实行按劳分配制、允许自由贸易、恢复商品流通和商品交换、重建货币银行和税收制度、利用市场和商品货币关系发展经济、实行经济核算、允许外国资本进入、实行租让和租赁、允许部分国家资本主义的存在等为主要内容的“新经济政策”。但是“新经济政策”被认为只是过渡时期的经济政策，1924 年列宁逝世，斯大林主政后，新经济政策被逐渐废除，1928 年正式停止实施。苏联开始实行高度集中、基本排斥市场调节作用的计划经济体制。

列宁和斯大林对社会主义经济应该怎样发展，特别是对社会主义工业化道路和产业结构的演进做了更为具体深入的研究，他们不仅继承了马克思和恩格斯的共享理念，可以说也初步提出了创新、开放的理念，但是其协调、绿色的发展理念并不明确。列宁提出了客观存在的生产资料优先增长规律，苏联在工业化初期没有像先行资本主义国家那样先发展轻工业，而是优先发展重工业。虽然这是有客观原因和必要性的，但是斯大林时期出现了片面强调优先发展重工业、忽视农业和轻工业的偏差。

（三）中国共产党的创新和发展

关于社会主义经济应该怎样发展，毛泽东提出必须正确处理经济、政治、社会发展中的十大关系，如重工业和轻工业、农业的关系，沿海工业和内地工业的关系，经济建设和国防建设的关系，国家、生产单位和生产者个人的关系，中央和地方的关系，汉族与少数民族的关系，中国和外国的关系等；强调“一定要努力把党内党外、国内国外的一切积极的因素，直接的、间接的积极因素，全部调动起来，把我国建设成为一个强大的社会主义国家”①；指出“我们的方针是，一切民族、一切国家的长处都要学，政治、经济、科学、技术、文学、艺术的一切真正好的东西都要学”②，特别是“学习资本主义国家的先进的科学技术和企业管理方法中合乎科学的方面”③，“但是，必须有分析有批判地学，不能盲目地学，不能一切照抄，机械搬用。他们的短处、缺点，当然不要学”④。毛泽东还指出，

① 《毛泽东文集》（第7卷），人民出版社，1999，第44页。
② 《毛泽东文集》（第7卷），人民出版社，1999，第41页。
③ 《毛泽东文集》（第7卷），人民出版社，1999，第43页。
④ 《毛泽东文集》（第7卷），人民出版社，1999，第41页。

"自力更生为主，争取外援为辅，破除迷信，独立自主地干工业、干农业、干技术革命和文化革命，打倒奴隶思想，埋葬教条主义，认真学习外国的好经验，也一定研究外国的坏经验——引以为戒，这就是我们的路线"①，"我们必须尽可能地首先同社会主义国家和人民民主国家做生意，同时也要同资本主义国家做生意"②。尤其值得注意的是，毛泽东明确指出："算账才能实行那个客观存在的价值法则。这个法则是一个伟大的学校，只有利用它，才有可能教会我们的几千万干部和几万万人民，才有可能建设我们的社会主义和共产主义。否则一切都不可能。"③ 他进一步说："商品生产不能与资本主义混为一谈。为什么怕商品生产？无非是怕资本主义"；"不要怕，我看要大大发展商品生产。商品生产，要看它是同什么经济制度相联系，同资本主义制度相联系就是资本主义商品生产，同社会主义制度相联系就是社会主义的商品生产"④；"在现阶段，利用商品生产、商品交换、货币制度、价值规律等形式，有利于促进社会主义生产，有利于向社会主义的全面的全民所有制过渡，有利于为将来向共产主义过渡逐步地准备条件"⑤。由此可见，后来中国共产党能够创立社会主义市场经济理论，绝不是偶然的。

---

① 《毛泽东文集》（第7卷），人民出版社，1999，第380页。
② 《毛泽东选集》（第4卷），人民出版社，1991，第1435页。
③ 《毛泽东年谱（1949～1976）》（第3卷），中央文献出版社，2013，第656页。
④ 《毛泽东年谱（1949～1976）》（第3卷），中央文献出版社，2013，第504页。
⑤ 《毛泽东年谱（1949～1976）》（第3卷），中央文献出版社，2013，第528页。

邓小平在向国外领导人介绍中国经济建设的历史经验时说："中国的经验第一条就是自力更生为主"；"必须在自力更生的基础上争取外援，主要依靠自己的艰苦奋斗"；"实行经济开放政策，争取利用国际上的资金和先进技术，来帮助我们发展经济"；"再就是重视发展农业"①。邓小平还指出："社会主义和市场经济之间不存在根本矛盾"；"只搞计划经济会束缚生产力的发展。把计划经济和市场经济结合起来，就更能解放生产力，加速经济发展"；"我们在改革中坚持了两条，一条是公有制经济始终占主体地位，一条是发展经济要走共同富裕的道路，始终避免两极分化"；"我们发挥社会主义固有的特点，也采用资本主义的一些方法（是当作方法来用的），目的就是要加速发展生产力"②。他还提出："经济发展得快一点，必须依靠科技和教育。我说科学技术是第一生产力。"③ 他强调："我们的政策是让一部分人、一部分地区先富起来，以带动和帮助落后的地区，先进地区帮助落后地区是一个义务。我们坚持走社会主义道路，根本目标是实现共同富裕，然而平均发展是不可能的。过去搞平均主义，吃'大锅饭'，实际上是共同落后，共同贫穷，我们就是吃了这个亏。改革首先要打破平均主义，打破'大锅饭'，现在看来这个路子是对的。"④

---

① 《邓小平文选》（第2卷），人民出版社，1994，第405~406页。
② 《邓小平文选》（第3卷），人民出版社，1993，第148~149页。
③ 《邓小平文选》（第3卷），人民出版社，1993，第377页。
④ 《邓小平文选》（第3卷），人民出版社，1993，第155页。

习近平指出："发展必须是科学发展，必须坚定不移贯彻创新、协调、绿色、开放、共享的发展理念。"① 他强调要处理好几个重要关系：一是继承和创新的关系；二是政府和市场的关系；三是开放和自主的关系；四是处理好发展和安全的关系；五是处理好战略和战术的关系。他提出要"以推动高质量发展为主题"，"以深化供给侧结构性改革为主线"，"坚持扩大内需这个战略基点"，"构建以国内大循环为主体、国内国际双循环相互促进的新发展格局"②，以改革创新为根本动力，构建高水平社会主义市场经济体制，实现高水平的自立自强，扩大高水平的对外开放。

中国共产党在社会主义经济建设的实践中，以马克思主义政治经济学为指导，借鉴发展经济学和西方经济学的有用理论和方法，总结国内外经济发展的经验教训，极大地创新和发展了社会主义经济发展理论，提出了比较全面系统科学的社会主义经济发展理论，这是对整个社会主义经济理论具有重大意义的创新和发展。中国共产党从发展观、发展理念、发展方式、发展道路、发展规划、发展战略到发展的水平、结构、速度、数量规模、质量效益等各方面，都形成了相应的理论，内容丰富，主要包括：在中国共产党的领导下，树立以人为本，全面、

---

① 习近平：《决胜全面建成小康社会 夺取新时代中国特色社会主义伟大胜利——在中国共产党第十九次全国代表大会上的报告》，人民出版社，2017，第 45 页。

② 习近平：《把握新发展阶段，贯彻新发展理念，构建新发展格局》，《求是》2021 年第 9 期。

协调、可持续的科学发展观；贯彻以人民为中心，创新、协调、绿色、开放、共享的新发展理念；以坚持四项基本原则为立国之本，以改革开放为强国之路，制定正确的经济发展战略；走中国特色的新型工业化道路、城镇化道路、农业现代化道路、信息化道路、自主创新道路；把外延的粗放的经济发展方式转向内涵的集约的经济发展方式，由主要依靠投资和出口拉动转向主要由创新和消费驱动，注重发挥比较优势、后发优势、大国优势、形成竞争优势；以供给侧结构性改革为主线，不断调整优化经济结构，建设现代化经济体系；以扩大内需为战略基点，加强需求侧管理；实现高水平的自立自强，扩大高水平对外开放，构建以国内大循环为主体、国内国际双循环相互促进的新发展格局；由高速增长转向高质量发展。

中国现在进入了全面建设社会主义现代化国家的新发展阶段，面临着新任务、新要求、新情况、新条件、新困难、新问题，为了更好、更快地推动社会主义现代化建设，中国共产党需要继续坚持采用正确合理、行之有效的路径和方法，更好地创新和发展社会主义经济发展理论。

理解中国特色社会主义财政的三重逻辑

吕　炜*

财政研究与政治经济学密不可分，因为要谈财政问题就离不开国家，但我们在实践和比较学习的借鉴中，经常会丢掉“国家”这个概念，所以有些问题就讲不清楚，也解释不清楚。据此思考，从财政这个小的切入点分析中国政治经济过程，可能会为政治经济学范畴研究提供一些生动的案例。

一　财政在社会主义现代化过程中的重要性

财政在中国共产党这样一个百年大党所领导的社会主义现代化过程中非常重要，一方面是由于财政对中国特色社会主义

* 吕炜，东北财经大学党委副书记、校长，东北财经大学经济与社会发展研究院教授，博士生导师。主要研究方向：宏观经济与财政政策。

道路的探索非常重要。财政学，严格来讲，也就有二三百年的历史，古典学派的理论传到德国以后才开始有了真正的财政学学科。在后来的发展过程中，尤其是在现代经济学发展阶段，财政与国家的关系却越来越淡薄。但事实上，财政从最初产生到成为一门学科，都是源于国家的需要。财政理论如此演变可能符合西方国家的发展过程，具有其合理性和解释力，但如果套用现代经济学中的财政学分析框架和思路来研究中国的问题，就会发现有很多内容无法解释。当财政作为国家工具时，如果我们仅仅讲述财政收支活动，却解释不清其背后的政治意图和政治含义，就无法说明为什么中国共产党领导下的财政活动和西方的财政活动有本质的区别。

财政的重要性的另一个方面，体现在只有在社会主义、中国特色社会主义的角度和框架下，才能真正认识和理解中国的财政。“中国特色社会主义”这个词应用很广，从财政的角度来说，“社会主义”本身是制度属性，意味着研究中国财政首先要考虑中国的社会主义制度；而“中国特色”在财政学的研究当中体现为历史性和实践性的探索，意味着对财政活动的研究和考察必须与中国特色的实践探索相结合，只有这样才能讲清楚在这个过程中财政究竟做了什么以及为什么要这样做。

二　中国特色社会主义财政的三个逻辑

对中国特色社会主义财政的现实理解和认识需要遵循三个

非常重要的逻辑，也是财政在政治经济学分析中最核心的三个方面：一是财政的理论逻辑，核心为财政的国家主体性，这意味着财政是国家的工具，财政活动体现国家活动的政治经济过程；二是财政的历史逻辑，意味着在中国共产党这样一个大党所建立的新中国里，我们所要探索的道路、国家的使命是要实现社会主义现代化，财政作为国家的工具理所当然要为国家服务；三是财政的实践逻辑，启发我们对于改革开放以来的四十多年中，财政在特定的理论逻辑和历史逻辑下究竟做了什么、具有哪些特征，都需要进行思考和关注。

（一）中国特色社会主义财政的理论逻辑

马克思有许多关于国家与财政关系的直接论述，例如国家与财政、财政作为分配工具、国家对财政的依赖等，这些论述均体现了财政的国家主体性。在长期研究过程中，经典作家关于财政的国家主体性的基本认识，事实上是在研究中不断变化的，这是因为实践在不断变化，对于经典理论的认识、理解和发展也在不断变化，但是在这一过程中核心的东西没有变，即财政的国家主体性。具体来看，新中国成立以来陆续出现了几个比较有代表性的财政理论。

1. 计划经济体制下的“国家分配论”。这一理论是指国家负责资源的配置，而这一配置工作主要由财政来完成，它既包括政治活动也包括经济活动。在这种情况下，财政一定是国家的财政，这完全与经典作家所强调的内容相吻合。

2. 改革开放初期的“社会共同需要论”。在改革开放初期至 1992 年前后这一时期，我们开始比较多地谈到“社会共同需要论”。如何理解“社会共同需要”？财政有两个方面：一个是国家主体；另一个是满足共同需要。但是满足共同需要的过程是由国家作为主体来配置和完成的。改革开放初期，为了突破计划经济的束缚，大家更多关注到共同需要、公共服务的方面，而逐渐弱化了对财政国家主体性的强调。回头来看，这对于突破计划经济体制的束缚起到了积极作用。

3. 1992 年以后的“公共财政论”。1992 年，我国提出要建立社会主义市场经济体制，按照西方一般性的规律与经验，“公共财政论”相应被提出。从推动市场经济发展和应对市场失灵需要的角度来看，财政应该提供相应的公共服务和公共产品，共同实现对资源的配置。然而，许多对财政理论的批评，都是 1992 年以后，在公共财政理论发展的过程中被提出来的。客观地讲，那个阶段提出公共财政理论具有积极的意义，有利于建立市场经济体制，有利于探索市场经济体制一般性规律。但在这之后，学者过于把财政的功能放在政府和市场资源配置的层面，而忽略了国家作为主体的政治经济过程所包含的意图，因此对财政的认识越来越褊狭。直到党的十八届三中全会以后，随着习近平总书记明确提出“财政是国家治理的基础和重要支柱”，理论界、实践界才重新认识、发现财政更多的功能和工具性的作用，了解应该将其定位于国家的层面来分析，而非仅仅局限于资源配置、政府和市场关系的层面。基于这一认知过程，我们对财政的认识也应当是分层次的——最高层应该是国家的属性、国家政治的层次，然后从高到低加以诠释，才可能对财政的理论逻辑有准确的把握。

（二）中国特色社会主义财政的历史逻辑

既然财政是国家的治理工具，财政就一定要服从国家的需要。对于共产党领导下的新中国来说，最重要的任务是实现“两个一百年”奋斗目标，而“两个一百年”奋斗目标的核心就是社会主义现代化强国的建设。我国对现代化的真正探索是在新中国成立以后，在这之前更多的是尝试，而且这些尝试也都失败了。新中国成立以后，我们才真正在中国共产党的领导下开始了社会主义建设、开启了现代化国家的建设。这段征程有一个很大的、区别于世界其他国家现代化过程的特殊性，即我们是在中国共产党领导下的社会主义国家中建设社会主义。这是一个新的挑战，也是非常重要的任务。在这个过程中，财政在不同历史阶段必然服从于国家在不同阶段的安排和需要，体现它的工具性作用。按照这样的逻辑分析和评价财政活动，我们会有更客观、更理性的认识，就能够发现财政在每个阶段作为国家工具所发挥的作用，唯有如此，我们在认识上的逻辑才可能是一致的。

（三）中国特色社会主义财政的实践逻辑

中国特色社会主义财政的实践逻辑的重点是中国特色社会主义在改革阶段的探索和确立，大的前提仍然是财政服从国家的需要，但它在改革阶段被赋予了新的内容，总体概括起来是：改革、发展和稳定。对于这三个要素，财政都要有所体现。

中国的改革是从放权、让利开始的，中央政府将财政进行资源配置的权力下放给地方政府、市场，逐渐孕育了市场化的过程，激励了地方政府发展与竞争的行为。在这一过程中，财政所承担的稳定职能，用现在的话说叫“兜底”。改革当中所有跟稳定相关的、最后需要国家从政治经济上尤其是政治上考虑的事情，财政一定都要发挥作用，要来兜底。比如，在双轨制的价格改革中，财政的价格补贴最高曾占全部财政收入的近三成。后来的每一个改革发展阶段，财政都承担着这样的稳定的职能，因为这是国家的需要。越是遇到困难、经济发展面临阻碍、财政日子不好过的时候，财政的重要性就越发凸显。再比如 2018 年，面对挑战日益增大的国内外经济形势，中共中央政治局会议首次提出“六稳”方针；2020 年，面对新冠肺炎疫情的巨大冲击，中央在应对时进一步提出了“六保”的新任务，其中最基本的兜底作用也是由财政来承担的。

财政在实践逻辑中，在改革、发展和稳定的过程中所发挥的作用，在标准的经济学教科书里，尤其是在西方对于公共财政的认识中，大部分是无法看到的。为什么看不到呢？因为中国既处于社会主义现代化的建设过程中，又处于体制的转型过程中，两个过程的特殊性决定了国家在其中发挥作用的特殊性，也因此决定了财政的特殊作用。对这种作用的分析在标准教科书里是看不到的，所以如果只是用标准的教科书分析和看待中国的财政，得出的解释可能只是其中很小的一部分，甚至在这很小一部分的解释里，也只是解释了“财”，也就是收支活动的效率，而没有看到其背后的“政”，就是政治意图和政治含义究竟是什么。举一个简单的例子，同样是对教育的支出，如果仅仅是从收支活动、支出安排来说，可以做一般性的效率分析，但是如果从国家的层面来认识，我们的考虑、安排、制度设计一定与西方不同。从这样的角度思考，可能有助于我们更好地理解中国的财政。

三　中国特色财政学建设的三个原则

基于以上看法，中国财政学的建设或者说中国特色财政学的建设，应该遵循以下三个原则。

（一）要在政党和国家的框架下认识财政

一方面，在中国共产党成立以后、新中国成立之前，我们党就有了自己的财政思想，这对新中国成立以后的财政工作有很大的继承性影响。另一方面，国家、中国共产党和人民三者之间是一损俱损、一荣俱荣的命运共同体。这样的框架就决定了对中国财政的分析与多党制下的西方完全不同。

（二）财政学的研究必须以政治经济学为基础，才能解释财政背后的政治经济过程

2001 年，时任福建省省长的习近平同志在《东南学术》杂

志上发表的一篇题为《对发展社会主义市场经济的再认识》的文章中，有两段话对我们很有启发："社会主义市场经济是经济与政治的辩证统一，其内在的政治经济化和经济政治化的本质运动，要求社会主义市场经济的建立和发展必须充分发挥经济和政治两个方面的优势"；"社会主义市场经济虽然有利于实现政治与经济的高度统一，但它并不能自然而然地使政治与经济形成政治经济化、经济政治化的本质特征，更不能自然而然地实现政治和经济的有机统一，只能是为政治经济化、经济政治化的发展提供有利条件，为促进和实现政治和经济的有机统一提供一种好的发展形式"。

（三）财政学的研究和建设，特别是中国财政学的研究和建设，必须扎根于中国共产党改革的措施中

中国特色社会主义的最本质特征是中国共产党的领导，中国共产党的初心是以人民为中心。党始终以建设社会主义现代化国家为目标、以实现人民利益为价值取向，加强财政工作各项部署。未来应进一步加强党对财政工作的绝对领导，在具体的财政工作中贯彻和落实好党的宗旨和纲领。

财政是观察中国改革发展、政治经济过程的一个重要视角和线索，也正因如此，财政对一个国家的政治经济过程和政治经济活动非常重要。我们一定要从中国自身的实践当中提取典型案例，作为财政研究和分析的基础。

新发展格局的政治经济学分析

陈甬军[*]

2020 年 5 月 14 日中共中央政治局常委会会议指出要“深化供给侧结构性改革，充分发挥我国的超大规模市场优势和内需潜力，构建国内国际双循环相互促进的新发展格局”。2020 年，新冠肺炎疫情突袭而至，中国供给端难以销出，比如武汉当时供给日本、韩国的汽车配件就深受影响。而新冠肺炎疫情在全球的蔓延又导致国外的需求大大下降，反过来又影响了中国的产业供给端。但自 2020 年下半年开始，我国外贸逆风翻盘，这是好现象，但这个情况不会持久。所以我们党的领导人结合经济专家的意见，及时提出了“双循环”新发展格局，这是一种新的发展模式。

* 陈甬军，中国人民大学教授，博士生导师，广东财经大学大湾区双循环研究院院长、特聘教授。主要研究方向：中国经济改革与发展、市场与产业发展、城市化与区域发展。

回顾历史，理论创新从来不是“写”出来的，而是在实践发展的新情境下不断孕育的。“双循环”是在新的格局、新的情况下，中国共产党提出的新的发展战略构思。刘鹤副总理在《人民日报》上撰文指出，“双循环”新发展格局是对“十四五”和未来更长时期我国经济发展战略、路径做出的重大调整完善，是着眼于我国长远发展和长治久安做出的重大战略部署，对于我国实现更高质量、更有效率、更加公平、更可持续、更为安全的发展，对促进世界经济繁荣，都会产生重要和深远的影响。

借助经济学的理论模型方法，“倒 8 字”模型揭示了“双循环”的核心要义：国内大循环为主体，国内国际双循环相互交融、互相促进（见图 1）。

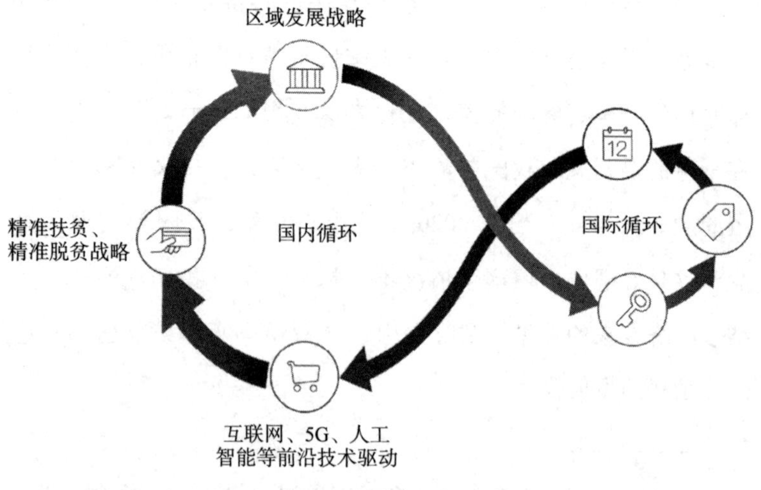

图 1　“倒 8 字”模型

可以看出，“8”字倒过来，大圈是国内大循环，小圈是国际循环，作为世界第二大经济体，中国在世界经济中的影响已然非比寻常，同时也要充分利用国际市场这个小圈，两者不是分离的，是互相交融的，通过社会再生产的生产、流通、分配、消费的整体过程衔接在一起。

2020 年 11 月 12 日，习近平总书记在浦东开发开放 30 周年庆祝大会上的讲话中指出，“浦东要努力成为国内大循环的中心节点和国内国际双循环的战略链接”。这正好印证了浦东是“倒 8 字”模型中间那个点。笔者认为浙江是国内大循环与国际大循环的交汇点，这个理论观点已被政府采用以服务社会。2021 年 5 月，海南省委书记在首届中国国际消费品博览会开幕致辞的时候表示，如果说用“8”字形表示国内国际双循环，海南就是“8”字形的交汇点。

借助“倒 8 字”模型可以进一步诠释：第一，它表示双循环；第二，国内国际双循环是互相交融的；第三，它的基础是产业链、供应链；第四，它不仅是商品销售的循环路线，而且可以利用国际上外贸的基本原理，发挥比较优势和规模经济优势。同时，要结合中国特色，利用超大市场优势和内需潜力形成一种优势互补、相互促进的经济发展新格局。这与 30 年前国际大循环格局的逐步形成一样，是一个不断发展完善的历史进程，笔者认为构建这样一个经济发展新格局起码需要十年，也就是需要两个“五年计划”的时间，即争取在“十四五”时期破题，到“十五五”时期基本成形。因为许多政策，如外贸政策、出口退税等政策都要适时调整。借助“倒 8 字”模型还可以明晰“双循环”具备的保障国家安全的重要作用。

回到政治经济学理论分析中，有六个部分可以作为“双循环”新发展格局经济理论的渊源，其中最重要的是马克思政治经济学理论，具体内容有七条：商品经济理论、社会化大生产和再生产理论、资本循环和周转理论、资本有机构成理论、科学技术创新发展理论、全球化理论和世界市场理论。

“双循环”对于推动中国特色社会主义经济理论发展与实现“两个一百年”奋斗目标的重要作用，主要有以下八个方面。

第一，标志着中国特色社会主义进入新时代发展的新格局。

第二，提出实现中华民族伟大复兴中国梦的新途径。

第三，建立以新发展理念引领经济高质量发展的新基础。

第四，提供将全面深化改革进行到底的新动能。

第五，开辟“一带一路”建设高质量发展的新抓手。

第六，构建推动构建人类命运共同体的新平台。

第七，创立社会主义共同富裕取得实质性进展的新机制。

第八，提出中国共产党领导经济社会发展的新战略。

因此，以国内大循环为主体、国内国际双循环相互促进的新发展格局具有重要的理论意义和现实意义，需要回到马克思主义政治经济学的理论中来深入分析，为实现“两个一百年”奋斗目标提供有力的支撑。

以问题为导向的政治经济学方法：百年中国共产党实践与理论的结晶

刘守英*

回顾中国共产党百年经济探索，政治经济学是贯穿始终的理论主线。尽管改革开放以后吸收了很多来自现代经济学的词汇概念与思维方式，但是中国共产党的百年经济探索基本上是围绕政治经济学的创新发展展开的。观察党的百年理论和实践探索的重要角度就是坚持以问题为导向。

一 问题导向的重要性

坚持以问题为导向看似容易，但实际上真正做到并不容易。

* 刘守英，中国人民大学经济学院教授，博士生导师。主要研究方向：土地制度与经济发展、农业工业化。

从党的整个百年发展历程来看，存在着大量的、容易被忽略的甚至背离问题导向的问题。所以从问题导向出发，整个中国共产党百年思想最重要的理论结晶，就是将马克思主义基本原理和中国具体实践相结合，发现问题、研究问题、解决问题。这是中国共产党百年经济理论创新发展的重要方法，也是中国共产党取得革命、建设和改革成功的法宝。

早期马克思主义传入中国的时候，并不是作为一个纯粹的学术流派，而完全是针对当时中华民族救亡图存的时代问题，国人寻求用马克思主义政治经济学方法来分析和解决当时面临的民族生死存亡问题。第一代政治经济学家是用马克思主义政治经济学的方法分析中国的经济问题，揭示中国社会的性质，探索中国发展的道路。这里包括中国农村派的调查分析，王亚南先生对旧中国经济结构、经济运行主要矛盾和发展方向的分析，中国共产党领导人的分析论述。现在回过头来看当时的这些研究，仍然觉得并不过时，而且非常有意义。早期的政治经济学家之所以能够取得那么大的成就，是因为其基于问题导向，即整个中国马克思主义政治经济学的本土化就是以问题为导向的。

改革开放以来，我国大量的理论创新，也是以问题为导向的。党的十八大以来，习近平总书记提出了一系列新理念和新思想，也是以问题为导向的。回顾党的百年历史进程，每当中华民族遇到重大变革的时候，政治经济学的研究范式和方法就会出现重大转换。近代，在中华民族生死存亡之际，中国共产党选择了马克思主义政治经济学范式。20 世纪 80 年代我国面临传统社会主义模式危机，中国共产党选择了社会主义市场经济范式。当前，中国处于百年未遇的重要关口，中国经济学又面临一场政治经济学研究范式的变革，这场范式的变革不是西方经济学和政治经济学之争，而是又回到如何以解决国家发展中的重大问题为突破点，来形成新的政治经济学范式。

二　以问题为导向的方法：两个时期的经验

中国共产党百年理论和实践的探索已经形成了一套行之有效的政治经济学理论方法，即以问题为导向的方法。以 20 世纪三四十年代薛暮桥为代表的政治经济学和八九十年代的政治经济学研究为例，这两个时期形成了政治经济学理论的繁荣时期，形成这一理论繁荣的重要原因就是坚持问题导向的研究方法。以下是对这两个时期坚持问题导向理论方法的总结。

（一）以国家和民族亟须解决的重大问题为出发点

因为整个中国彼时还没有成熟到能够研究非常细小、具体的问题，无论是 20 世纪三四十年代还是八九十年代的政治经济学研究，研究问题的出发点一定是重大问题，是关系国家发展和民族亟待解决的重大问题。例如 20 世纪三四十年代研究的是中国向何处去的问题，八九十年代研究的是应该建立何种形式的社会主义经济的问题，这些都是当时关系国家发展与民族前途的重大问题。

（二）注重政治经济学研究范式革命的转换

范式之所以发生转换肯定是现有的理论存在问题，不能回应和解决现实中存在的问题。

1. 告别本本主义和教条主义。无论是20世纪三四十年代还是八九十年代政治经济学的范式革命，非常重要的特点是告别本本主义和教条主义。1928年，陈翰笙在与第三国际成立的农民运动研究所的马克思主义学者争论一年半之后就回国了，因为当时研究所里的顶尖学者都认为，按照生产方式的划分，中国已经进入资本主义社会，因此遵循马克思设定的路径走就行了，但是以陈翰笙为代表的中国学者认为不是这样的。陈翰笙回国以后对中国社会做了全面的调查研究。八九十年代也面临同样情景，当时苏联政治经济学的教条研究范式对我国的理论和实践产生严重障碍，因此需要对三四十年代占统治地位的教条主义进行调整。

2. 注重生产力与生产关系的互动。回顾党的百年经济理论发展历程，任何一个时期只注重生产力或者生产关系都会出现问题。三四十年代开始，政治经济学研究的主流是生产力问题，但中国存在的大量问题是生产关系问题，所以当时中国农村还是主要通过生产关系的变革形成生产力和生产关系的互动。八九十年代之前过分注重从生产关系传统范式上讨论问题，遭遇困境之后便提出生产力的衡量标准，形成生产力与生产关系的双向互动。

3. 分析特殊性。我们这个民族不是排外的民族，但是我们在吸收外来思想的时候，对本民族特殊性的认识，往往需要花费很大的工夫。三四十年代中国农村派做了全面调查、花了很大功夫研究中国真实特殊性的问题到底在哪里。因此，如何分析我们的特殊性非常重要。

4. 从制度细节提炼本质特征。我们应该学会如何从制度细节提炼本质，如果泛泛地、抽象地从概念中提取本质特征往往会做出不准确的判断，大量的本质特征是从制度细节里面提取出来的。例如，三四十年代，中国经济派认为中国农村存在资本主义企业，所以中国农村是资本主义性质的。中国农村派则承认农村有私人的资本主义企业，但是还有大量的其他经济形态，包括地主、富农等，因此最后从主要的生产关系中提取出来决定社会性质的本质特征，但是提取作为决定社会性质指标的主要生产关系的前提是什么呢？需要通过大量的制度细节来认识。八九十年代也是如此，薛暮桥正是以此提出我国是多种经济制度并存的社会主义。

三　如何做比较？

（一）比较的方法论意义

1. 通过比较寻找差异性。非常重要的是如何做比较，从方法论来讲，比较不是为了归一，比较非常重要的目的是寻找相异性。后发国家可以通过学习和比较找到相异性的特征，相异性的重要性是为了开“药方”。三十年代以陈翰笙为代表的学者面临西方政治经济学概念如何应用到中国的问题，比如中国所谓的“城市”“都市”概念跟西方的“city”是不一样的，即如何寻找中国真正最特殊的东西。八九十年代也是这样，注重寻找相异性。当时中国面临改革模式和改革路径的选择，正是因为注意到我国的相异性，即更低的发展阶段、更多的地方分权、更多数量的中小企业及更粗糙的计划体制，这些结构因素就是我们具有的相异性，因此要从这些相异性中找到具体路径。

2. 进入真实世界求解。我进入大学以后非常深刻的感受就是，我们整个大学的研究变成彻底化、两极化，或这样或那样。但是真实世界存在大量的并非绝对的中间路径。三四十年代中国农村派通过一系列的社会调查得出了当时中国的社会性质的判断结论，这和经济派有很大的差别，因为中国农村派在调查上花费了很大功夫。八九十年代关于经济结构的研究，以马洪为代表的学者对经济结构进行了大量调查，甚至包括农村“包产到户”的研究，几乎是走遍全国，在地方一待就是几个月。此外，对所有制和所有制企业的研究也进行了大量调查，然而现在学界很多研究却只有单纯数据和数据的计量分析。

3. 认识中国社会的性质。任何政治经济学的研究一定是先从重大问题出发，最后得出重大问题结论，这都离不开对中国社会性质的认识。诸如三四十年代得出中国社会是半殖民地半封建社会性质的认识，八九十年代科学判断中国处于社会主义初级发展阶段，以及厘清关于非公有制经济和社会主义性质的关系，市场经济和社会主义性质的关系等。

（二）问题导向研究的优势

以问题为导向的研究可能也是当前和今后一个时期非常宝贵的财富，是我们必须要始终坚持的。目前中国还没有进入一个体制完全定型的时期，还是处在重大的转换时期。因此坚持以问题为导向的方法：第一，必须要准确认识国情和体制特征；第二，理论的产生是从实践中来的，现在很多政治经济学的理论是从假设中来的，因此应该从实践中提炼理论；第三，分析和解释还没有定型、定性的经济社会的变迁；第四，政治经济学研究要以解决现实问题为目的；第五，政治经济学研究要提高分析水平，用经济学的科学规范来研究问题；第六，要始终坚持以问题为导向进行研究，形成以中国特色的典型事实与经验为基础的理论，用问题导向解决我们现代化国家建设征程中的重大问题。

数字经济的政治经济学分析：数字经济、收入分配与共同富裕

洪永森*

众所周知，以大数据和人工智能驱动的新一轮工业革命正在推动数字经济蓬勃发展。在数字经济快速发展的过程中，资本与劳动、数字平台与消费者、大科技企业与中小企业等之间的生产关系正在发生前所未有的变化，因此经济学人应更加关注社会弱势群体，探讨和构建良好的收入分配格局，扎实推进共同富裕。

一　数字经济推动生产力快速发展

当前经济学家关注的重点是数字经济如何推动生产力快速

* 洪永森，世界计量经济学会会士、发展中国家科学院院士，中国科学院数学与系统科学研究院特聘研究员，中国科学院大学经济与管理学院特聘教授。主要研究方向：计量经济学、时间序列分析、金融计量学、中国经济、统计学。

发展。数字经济正在强烈地改变人类的生产方式、生活方式，从个性化生产到供需匹配再到消费，数字经济推动衣食住行等日常生活方面的巨大变化已经让人目不暇接。

二　数字经济时代收入分配格局面临的新挑战

今天，我们需要重点探讨的是数字技术，特别是人工智能技术在推动生产力发展的过程中，将会如何深刻地影响收入分配格局。人工智能和数字经济正在推动社会生产力的快速发展，也正在深刻地改变生产关系。这里需要重点讨论数字经济背景下收入分配格局所面临的新挑战。

（一）大数据和人工智能技术正在冲击传统劳动就业市场，特别是新经济形态——“无人经济”的出现正在极大地冲击传统劳动就业市场

2013 年，国外一项研究预测，到 2030 年中期，美国 47%的岗位可能都会实现自动化，这些人工岗位将会被智能机器人替代。在美国 700 种职业中，办公室行政、销售以及各种服务业都属于未来就业的高风险职业。

工业机器人等技术的出现，将会极大地改变诸多行业与职业的工作性质，这里不仅涉及蓝领工人，还包括白领人员，涵盖银行业、高端制造业、保险业等各个领域。当下，数据分析、文字翻译、同传翻译都已逐渐被统计软件、机器学习的软件算

法所取代。会计、新闻写作甚至自然科学里面的实验助手都已逐渐被机器人替代。国外甚至出现机器人撰写学术文章的现象，这些由机器人“生产”的文章甚至通过了人工的匿名评审，因此机器人将会带来多方面的挑战。

大数据和人工智能技术正在冲击传统就业市场。麻省理工学院（MIT）著名经济学家德隆·阿西莫格鲁（Daron Acemoglu）2020年的研究发现，在1000名工人中，每增加一个机器人，就业人口的比重将下降0.18%～0.37%，这其实就是机器替代工人的现象。所以，“无人经济”的出现再次验证了马克思重要的经典命题。马克思早已指出：资本主义市场经济的每一次经济危机、每一次技术进步，都会伴随着机器替代工人。

现在看来，机器替代工人可能不仅是资本主义经济特有的现象，社会主义市场经济也会出现同样现象，这可能是人类技术革命的重要标志和共同特征，需要政治经济学界认真地去探讨。当然，社会主义国家具有社会主义制度优越性，可以通过各种手段，特别是国家干预，避免技术进步对直接相关行业劳动者的利益造成巨大冲击。

（二）数据要素正在影响国民收入分配

以前生产要素多表现为劳动密集型与资本密集型，现在则出现了数据密集型的概念。现实经济生活中，与数字经济融合程度较高的实体经济正在蓬勃发展，而与数字经济融合程度较低的实体经济，其发展有可能相对滞后，它们在整个国民经济中的生产份额将逐步减少，由此不可避免地导致国民经济结构、国家财富以及社会收入分配的变化。

相关研究已经证明，数据密集型的产业年均增长率相对较高。大科技公司和大数据平台拥有雄厚资本和先进技术，往往具有掌控劳动力及其他生产要素资源的权力，因此利润增长率也远远超过整个社会经济的平均增长率。不仅美国的大科技公司净利润增长率保持较高水平，中国的大科技公司净利润增长率也呈现相当高的增长态势。特别是 2020 年新冠肺炎疫情期间，美国和中国的大科技公司营收远远超过其他类型的公司，营收份额和发展速度均实现快速增长。

（三）数字鸿沟

大数据及数字技术的快速发展带来巨大的经济增长、生活便利与生产力发展，然而发展的数字鸿沟也已出现。这里以三种数字鸿沟为例。第一，地区数字鸿沟。新冠肺炎疫情期间，依托互联网技术的网络授课逐渐成为学校讲授课程的主要形式，然而偏远地区民众却因经济实力弱、网络基础设施缺乏等，没有办法及时跟上数字经济时代的发展步伐，因此很多学生都被阻隔于正常的课程学习之外。第二，城乡数字差距。城乡之间的数字发展差距既来自乡村数字基础设施分布的不平衡，同时也缘于农村居民自身素质不高及资本水平不足。国家农业信息化工程技术研究中心主任赵春江曾言：“未来中国城乡之间贫富差距将在一定程度上取决于信息资源的占有程度。”第三，代际数字鸿沟。中国现在正以一种加速度的方式快速进入老龄化社会，老龄群体和年轻人群体之间的数字化能力的差异造成了信息落差、行为阻隔与代际阻隔，这种代际数字鸿沟趋势正在扩大。

（四）零工经济

虽然零工经济广泛存在于多种制度条件之下，但是数字经济条件下的零工经济正在蓬勃兴起。一方面，零工经济有效解决了劳动力市场中信息不对称的问题，使得零工经济从业者可以更好地找到匹配雇主和交易伙伴。零工经济的显著益处在于促进了比较充分的劳动就业。另一方面，零工经济也存在算法崇拜、缺乏人文关怀等弊病。2020 年《人物》杂志一篇题为《外卖骑手，困在系统里》的文章，深入揭示了数字平台外卖骑手的困境，这正是数字经济时代零工经济缺乏人文关怀的典型案例。数字经济时代诸如网约车司机、外卖骑手等零工经济劳动者与线上数字平台并没有建立完备的劳动关系，基本劳动权利没有得到有效保障。2021 年 2 月，英国高等法院做出具有里程碑意义的判决：美国网约车巨头 Uber 公司网约车司机与 Uber 公司存在雇主与员工的正式雇佣劳动关系，Uber 司机有权享受公司最低工资、假日薪资和休息时间等正式员工福利。目前，我国关于零工经济方面的立法明显滞后于实践。

（五）大数据使用不当正在损害广大消费者利益

很多数字平台利用自身先进技术，获得消费者的大量个人数据，甚至涉及很多个人隐私数据。隐私本身就是一种权力，数字平台利用这些个人数据剥夺消费者数据的主权价值，利用消费者的个人数据进行各种经济活动，致使消费者的合法权益与收益无法得到有效保障。

数字平台利用大数据杀熟正是大数据损害消费者利益的典型操作。在 2018 年全球经济论坛上，德国总理默克尔曾说："数据的定价，尤其是消费者数据定价，是未来主要的公平问题。否则你将经历一个非常不公平的世界，人们免费提供数据，而其他人则利用数据赚钱。数据是未来的原材料。"鉴于在数据利用问题上可能带来巨大的不公平风险，国家层面应尽快将数据纳入税收体系。

复旦大学管理学院孙金云教授带领的研究团队对 5 个城市的 800 多次样本进行调查，其研究结果显示：苹果手机用户更容易被专车、优享等费用更高的车型接单。如果不是苹果手机，则手机越贵，越容易被费用更高的车型接单，这其实也是大数据杀熟的典型例子。

（六）跨境数据流动与人工智能正在深刻地改变经济全球化

过去 40 多年的经济全球化，是由西方发达国家特别是跨国公司凭借雄厚资本与先进技术大力推动的。虽然绝大部分的劳动者并没有在全球范围内流动，但是经济全球化事实上形成了一个包括发达国家劳动者、发展中国家劳动者在内的全球劳动力竞争市场。数字要素推动数字经济全球化的重要标志就是日益增多的跨境数据流动，很多高端制造业从发展中国家回流到发达国家，一定程度上会影响发展中国家与发达国家之间的劳动力竞争关系，从而影响国际收入分配格局。

总体而言，数字经济正在冲击传统劳动力就业市场，数字要素正在影响国民收入分配格局，数字化鸿沟也正在拉大居民、城乡以及区域之间的收入分配差距。大数据以及数字平台已经在一定程度上损害消费者的正当权益，并且损害劳动者的合法权益，跨境数据流动也正在影响国际收入的分配格局。我们应及时、妥善应对数字技术的发展给收入分配格局带来的挑战，否则数字经济的蓬勃发展将会不断扩大收入分配差距，从而妨碍共同富裕目标的实现。

中国特色社会主义政治经济学研究应该处理好的十大关系

谢　地*

中国特色社会主义政治经济学基于马克思主义政治经济学的立场、观点、方法，紧密结合中国改革、发展、开放的实际，不断进行新的理论概括，是马克思主义政治经济学在当代中国的最新发展。中国特色社会主义政治经济学是当代中国经济学的理论基础，是理论经济学与应用经济学相关学科的“硬核”部分。中国特色社会主义建设是前无古人的伟大实践，虽然经过新中国成立70余年，特别是改革开放40余年的不断完善和发展，但毕竟为时尚短，从政治经济学角度对其进行理论抽象和体系化总结也要有一个逐步沉淀、完善的过程。因此，在中

* 谢地，辽宁大学经济学院院长，教授，博士生导师。主要研究方向：社会主义市场经济理论与实践研究、产业经济学。

国特色社会主义政治经济学创新与发展的过程中，还有一系列比较重要的理论问题需要回答。为了促进中国特色社会主义政治经济学的创新发展，发挥其在中国经济学体系建构中的“硬核”作用，巩固其理论基础地位，需要处理好若干重要的关系。

一　价值理性与工具理性的关系

价值理性，也称实质理性，即“通过有意识地对一个特定的的举止的——伦理的、美学的、宗教的或作任何其他阐释的——无条件的固有价值的纯粹信仰”。而工具理性主要是通过实践的途径确认工具或手段的有用性，从而追求事物的最大功效，为人的某种功利的实现而服务。①

在中国特色社会主义政治经济学研究中，价值理性是第一位的，工具理性是处于从属地位的。中国特色社会主义政治经济学中的重要理论，例如，坚持以人民为中心的发展思想、坚持新发展理念、坚持和完善社会主义基本经济制度、坚持和完善社会主义基本分配制度、坚持社会主义市场经济的改革方向、坚持对外开放的基本国策等，都具有鲜明的价值理性。实际上西方经济学也具有鲜明的价值理性，但是其为资本主义经济制度坚决辩护的价值理性往往隐藏在所谓的工具理性背后。很多

① 〔德〕马克斯·韦伯：《经济与社会》（上卷），林荣远译，商务印书馆，1997，第56页。

西方经济学理论背后涉及的文化传统、民族、国家利益以及意识形态的考量，可能被忽略了。

强调中国特色社会主义政治经济学应把价值理性放在首位，并不排斥运用现代经济学的工具。数学模型统计分析等经济学研究常用的方法，并不是西方经济学的专利，而是现代经济学研究都可以运用的共通的手段和工具，问题的关键在于如何合理利用现代经济学常用的工具去解释和说明问题。进行经济学分析时，如果模型源于经济运行和发展的实际，进行了科学的抽象，并可以被实证检验，我们就可以大胆地去运用各类方法和工具达到分析问题和解决问题的目的。经过科学抽象的数学模型必须符合中国当代政治、经济社会发展的实际，不能简单运用西方学者用于分析西方国家问题而与中国存在明显“违和感”的各种模型。

二　马克思主义政治经济学原理与中国特色社会主义实践的关系

习近平总书记曾经指出：“有些人认为，马克思主义政治经济学过时了，《资本论》过时了。这个论断是武断的，也是错误的。”① 要正确处理马克思主义政治经济学原理和中国特色

① 习近平：《不断开拓当代中国马克思主义政治经济学新境界》，《求是》2020年第16期。

社会主义实践的关系，一方面，要坚持马克思主义政治经济学的基本原理。习近平总书记指出："中国特色社会主义是社会主义而不是其他什么主义，科学社会主义基本原则不能丢，丢了就不是社会主义。"[①] 另一方面，必须与时俱进，推进马克思主义政治经济学在中国的创造性转化，发展中国特色社会主义政治经济学。实践在发展，事物在变化，中国特色社会主义政治经济学研究必须解放思想、与时俱进，绝不能刻舟求剑、因循守旧。理论是灰色的，但生活之树常青。

三　马克思主义政治原理与中国特色社会主义政治经济学的关系

中国特色社会主义政治经济学属于马克思主义政治经济学，要坚持马克思主义政治经济学的基本原理，但是中国特色社会主义政治经济学又是马克思主义政治经济学在当代中国最新的发展。从这个意义上说，一方面，要坚持马克思主义政治经济学的基本原理，谋划中国经济的发展；另一方面，要坚持实践是检验真理的唯一标准，克服本本主义对中国特色社会主义政治经济学发展的影响，将中国特色社会主义政治经济运行发展的实践，通过理论抽象，形成一系列科学的概念，以揭示中国

---

① 习近平：《关于坚持和发展中国特色社会主义的几个问题》，《求是》2019年第7期。

特色社会主义政治经济运动的内在规律，不断开拓当代中国马克思主义政治经济学的新境界。

四　文本研究与实证分析的关系

文本研究主要是针对马克思主义经典作家，以及党和国家最高领导人著作文本的解读和思想阐释。实证分析关注的问题是，经济现象到底是什么，并不是好和坏的价值判断的问题。我们当然要重视实证分析的方法，在文本研究和实证分析的关系问题上，我们强调文本研究很重要，但是一定要注意到如果过度沉浸于马克思主义经典作家的文本研究，也有可能囿于马克思主义经典作家的个别结论，从而忽视从非常丰富、不断发展的中国特色社会主义政治经济运行发展实践中汲取营养，通过实证分析形成新思想、新概念、新范畴的特殊意义。习近平总书记在主持经济社会领域专家座谈会时指出，“新时代改革开放和社会主义现代化建设的丰富实践是理论和政策研究的‘富矿’”，希望广大理论工作者“从国情出发，从中国实践中来、到中国实践中去，把论文写在祖国大地上，使理论和政策创新符合中国实际、具有中国特色”①。这是国家对社会科学工作者的期许，也是社会对社会科学工作者的期盼。

---

① 求是网评论员：《把论文写在祖国大地上》，求是网，2020 年 8 月 29 日，http://www.qstheory.cn/wp/2020-08/29/c_1126427016.htm。

五　问题导向与理论抽象的关系

问题导向是政治经济学研究的一个重要方法，或者说是一个方法论。坚持问题导向是马克思主义政治经济学的鲜明观点，也是中国特色社会主义政治经济学的鲜明特点。问题是创新的起点，也是创新的动力源。马克思主义政治经济学也正是在不断解决一个又一个问题中发展，展现出强大的真理的力量。但是问题导向中的问题应该是真问题，而不能是伪问题。

在坚持问题导向的基础上要善于运用科学抽象法，从现象到本质，从特殊到一般，从具体到抽象，把实践当中的问题“表象蒸发为抽象的规定”，从而将实践中的问题转变为学术问题，形成新的概念、范畴和科学理论。为了形成科学理论，切忌研究问题带有主观性、片面性和表面性。只有既坚持问题导向，又不忘理论抽象，才能发现经济规律，创新发展中国风格、中国气派的政治经济学，才能不断提高中国特色社会主义政治经济学的解释能力。

六　政治经济学与西方经济学的关系

政治经济学有鲜明的阶级立场。马克思曾经有过一个经典的表达，即政治经济学所研究的材料的特殊性，把人们心中最激烈、最卑鄙、最恶劣的感情，把代表私人利益的复仇女神召唤到战场上来反对自由的科学研究。习近平总书记强调，人民对美好生活的向往就是我们的奋斗目标。这些都是在表达政治经济学鲜明的阶级立场。西方经济学一直沿着马克思当年所批评的“庸俗经济学”的方向发展，重逻辑轻历史，重形式轻内容，运用孤立、静止、形而上学的分析范式对经济现象进行解释，因而始终难以透视现象背后的本质。

习近平总书记在十八届中央政治局第二十八次集体学习时指出：“我们坚持马克思主义政治经济学基本原理和方法论，并不排斥国外经济理论的合理成分。西方经济学关于金融、价格、货币、市场、竞争、贸易、汇率、产业、企业、增长、管理等方面的知识，有反映社会化大生产和市场经济一般规律的一面，要注意借鉴。……同时，对国外特别是西方经济学，我们要坚持去粗取精、去伪存真，坚持以我为主、为我所用，对其中反映资本主义制度属性、价值观念的内容，对其中具有西方意识形态色彩的内容，不能照抄照搬。……经济学虽然是研究经济问题，但不可能脱离社会政治，纯而又纯。……在我们的经济学教学中，不能食洋不化，还是要讲马克思主义政治经济学，当代中国社会主义政治经济学要大讲特讲，不能被边缘化。”①

---

① 习近平：《不断开拓当代中国马克思主义政治经济学新境界》，《求是》2020年第16期。

七　政治经济学与经济史学的关系

经济史是过去的经济实践。政治经济学从根本上说是一门历史的科学，我们只能根据过去的实践进行概括，从而形成和创新我们的经济学理论。所以，从事政治经济学的研究不可能离开对经济史的研究，如果离开了对经济史的梳理和分析，我们的研究可能就空洞无物，没有说服力，是站不住脚的。经济史视阈下的中国特色社会主义政治经济学的知识谱系，离不开新中国成立以来对社会主义进行初步探索的经济史和改革开放以来对中国经济发展史的洞察力，同时也包括从中国几千年的经济史中汲取养分，以更好地回答现实社会中的经济问题。党的十一届三中全会以后我国之所以选择渐进式改革路径，不断调整生产关系以适应我国生产力的发展，在很大程度上是一种对历史的学习。历史上，曾经有过很多激进式经济变革，其结果不是人亡政息，便是王朝更迭。以史为鉴，可以知兴替。以史为鉴，也可以创新发展中国特色社会主义政治经济学。

发展中国特色社会主义政治经济学，也需要对资本主义的经济史有很强的洞察力。这是因为，中国仍处于资本主义体系的包围中，要赢得与资本主义竞争的比较优势并最终战胜资本主义还需要进行艰苦的努力，在进行“伟大斗争”的同时，还要学会同资本主义打交道。显然，我们可以从资本主义的经济史中学到很多东西，深刻理解当下的资本主义，并预测其未来的走势，进而采取正确的战略和策略。

八　政治经济学与经济思想史的关系

经济思想史是对过去经济实践进行理论抽象的思想沉淀。凯恩斯曾说过：“生活在现实中的人，通常自认为能够完全免除于知识的影响，其实往往都还是某些已故经济学家的奴隶。”从经济思想史的角度看，中国特色社会主义政治经济学的知识谱系构成可能包括三个方面：第一，马克思主义政治经济学思想史，包括马克思主义经典作家、党和国家最高领导人的思想轨迹；第二，西方经济学的流派，这是中国特色社会主义政治经济学创新发展的重要参照系；第三，对中国古代、近代以来本土化经济思想的深入挖掘，只有进行深入的挖掘，才能够增强中国特色社会主义政治经济学的中国文化底蕴，从而彰显中国特色社会主义政治经济学的文化自信。

九　政治经济学与应用经济学的关系

改革开放之前，马克思主义政治经济学是包括理论经济学和应用经济学在内的所有经济学的理论基础。改革开放，特别是我们选择了市场经济的改革路径以后，西方经济学的理论基础地位不断得到强化，应用经济学相关二级学科深受西方经济学的影响，马克思主义政治经济学的理论基础地位式微。表面上，政治经济学仍然被认为是所有经济学科的理论基础，但实际上其理论基础地位不断被西方经济学所替代。这是我们不得不正视的问题。这就产生了一种很尴尬的情形：同样的经济学现象，马克思主义政治经济学，特别是中国特色社会主义政治经济学与应用经济学相关学科的解释大相径庭，使得公众难以判断其中的是非曲直。典型的如中美贸易摩擦，不同的认知和解释，导致了公众理解上的混乱。

中国特色社会主义政治经济学既然是中国理论经济学、应用经济学的硬核部分，那么理论经济学科，特别是应用经济学的相关学科的理论基础地位不应被虚置。为了解决“两层皮”的问题，一方面，应该从教材的编撰入手，在应用经济学相关学科中有意识地渗透中国特色社会主义政治经济学的最新成果；另一方面，要拓展中国特色社会主义政治经济学的研究视阈，增强对应用经济学科问题的研究，从而不断增强其对国内、国际经济运行、经济发展问题的解释力和话语权。

十　政治经济学的研究、叙事与现代经济学的研究、叙事的关系

政治经济学的研究和叙事主要是运用哲学思维方法，也就是科学抽象法。研究是从具体到抽象的过程，而叙事是从抽象到具体的过程。科学抽象法也是中国特色社会主义政治经济学研究的基本方法。现代经济学研究长于建立数学模型，叙事则

更多地运用统计方法进行实证分析。二者的联系表现在，从思维逻辑看，无论是政治经济学的研究方法，还是现代经济学的研究方法，研究的过程都是从具体到抽象，叙事的时候都遵循着“是什么—为什么—怎么办”的叙事逻辑。在这个意义上，政治经济学的研究、叙事也要借鉴现代经济学的研究、叙事方法，但同时更要发挥马克思主义政治经济学研究、叙事的明显优势，使二者能够很好地结合和互补。

“双碳”背景下的碳公平问题研究

聂永有*

“双碳”背景下的碳公平问题，一方面符合问题导向，另一方面符合前瞻性，因为此议题对中国未来的发展至关重要。

一 中国“双碳”目标的确立与碳公平问题的凸显

笔者曾经主持撰写了《大国崛起的新政治经济学》一书。该书主要以经济学的基本理论分析中国崛起过程中的政治经济问题，主要研究大国崛起之路怎么走。在研究过程中，我们发现随着中国的崛起，世界的格局正在发生重大变化，美国一国独大的局面被改变了，为了阻止中国的快速发展，美国将中国

* 聂永有，上海大学经济学院常务副院长，教授，博士生导师。主要研究方向：产业经济、资源与环境经济。

定位为头号竞争对手，对中国实行了全面的打压。在这样的整体背景下，气候变化问题和碳排放问题是目前美国愿意与中国合作的少数领域之一，可以预见的是，碳排放领域的争斗在未来较长时间内也将成为东西方对峙的主战场。面对西方国家对我们施加的碳压力，如何谋求国家间的碳公平是我们面临的重要课题。

二　碳排放问题的来龙去脉

1992 年联合国环境发展会议在巴西召开，会上通过了《联合国气候变化框架公约》，开始了全球性的碳减排工作。1997 年的《京都议定书》更着重于解决温室气体排放的问题。1992 年的巴西会议和 1997 年的《京都议定书》的指导思想是相似的，就是发达国家强制减排，发展中国家自愿减排。由于当时中国的经济发展水平还不是特别引人注目，所以中国在这两个会议上还没有成为关注的焦点。至 2009 年哥本哈根世界气候大会时，情况则发生很大变化，中国经济迅速发展，中国经济的发展体量显著增加，可以说，中国成为哥本哈根世界气候大会上的“众矢之的”，西方国家对我们进行围攻。在这一背景下中国政府做出承诺：中国将在 2020 年实现单位 GDP 二氧化碳排放比 2005 年下降 40% ~45%，但显然西方国家出于自身利益的考虑，不满意这一承诺，所以哥本哈根世界气候大会时各国“吵成一锅粥”。2010 年《巴黎协定》签署的时候，大家基本达成共识：将全球平均气温较工业化前水平升高控制在2℃以内，并努力控制在1.5℃以内。此时中国作为《巴黎协定》的签约国之一，参与了协定签订的全过程。碳减排问题确实特别引人关注，从2000年开始中国碳排放上升幅度非常快，2000年为34.05亿吨，2018年达到107亿吨，2019年已经达到140亿吨，十多年间增加了几倍。

在这些背景的综合作用下，2020年中国向全世界宣布“双碳”目标：2030年实现碳达峰，2060年实现碳中和。这对中国来说是非常不容易的承诺，中国经济快速发展的过程中，碳排放的压力非常大。这一承诺比西方主要国家还是晚了十余年，以美国为主的西方主要国家承诺基本在2050年之前达到碳中和。在西方不断关注中国碳排放问题的背景之下，面对强大的碳排放压力，我们发现碳公平问题需要特别关注，碳公平问题着重围绕以下几个方面展开。

第一，不同国家发展阶段的历史差异使控制碳排放量的统一要求存在不公平性，即由于西方发达国家与发展中国家在发展阶段上的时间差，在某一时间节点上对不同发展阶段国家提出相同的碳排放要求是不公平的。西方国家在早期发展中排放了大量的碳，但是当时并没有限碳的要求。等到发展中国家快速发展的时候，全球开始关注碳问题了。有学者对1958～2004年的碳排放量和全球气温上升做了全面调研分析，发现当时正处于发达国家发展的过程中，他们是造成碳排放和全球气温上升的最主要影响者，发达国家占比为60%～80%，而发展中国家占比仅为 20% ~40%，可以看出，在不同发展阶段碳排放的压力是不一样的，在某个时间节点上对不同发展程度的国家做出同样要求，这显然是不公平的。

第二，借助贸易转移碳排放量引发不公平，即以制造业等碳排放量较大的产业为主的出口国为进口国承担了大量的碳排放责任。众所周知，不同国家的发展阶段不同，其产业结构自然不一样，但不同产业的碳排放量是不同的，其中低端制造业的碳排放量极大。但在经济全球化的推动下，商品消费者是不分国别地平等享受了很多碳方面的利益。我们课题组曾做过一个分析：1997 年时，我国出口的碳排放量是 3.14 亿吨，而进口的碳排放量只有 1.5 亿吨，可以看出，我国有一半多的碳排放量是为外国人消费的产品买单。就是说，出口国为进口国承担了大量的碳排放。

第三，碳关税议题使碳公平问题得到进一步凸显。2019 年 12 月，欧洲提出了 2050 年碳中和的目标，2021 年 3 月 10 日欧盟通过了碳边境调节机制。2022 年 6 月 22 日，欧洲议会以 450 票赞成、115 票反对、55 票弃权通过了关于建立碳边界调整机制草案的修正案，通过激励非欧盟国家减少排放并防止碳泄漏风险来减少全球碳排放。

我国是欧盟第一大贸易伙伴和最大商品进口来源国、欧盟进口商品隐含碳排放的最大来源国。我国出口欧盟的中间产品中 80% 的碳排放来自金属、化学品和非金属矿物，属于欧盟碳市场高泄漏风险部门，一旦纳入碳边境调节将会对出口产生巨大影响。

整体来看，碳公平问题引起了世界各国的广泛关注。比如拜登在2020年美国总统大选竞选时就曾攻击中方，认为中方利用“一带一路”倡议向其他国家出口煤炭和进行碳排放。针对拜登提出的碳转移问题，我们课题组先从共建“一带一路”国家开始，分析了一系列的数据，特别是分析了从2013年开始的一系列数据，我们发现中国生产端核算的二氧化碳的排放量远远高于消费端核算的二氧化碳的排放量。也就是说，我国生产制造过程中产生的碳排放和消费过程中含有的碳排放量是不对称的，这个差额是由中国出口产品产生的碳排放造成的。共建“一带一路”国家中也有同样的情况，有37个国家是隐含碳排放的主要承担者，或者为发达国家承担碳排放责任。

碳公平问题是比较复杂的问题。国际贸易过程中的污染转移问题、碳排放的测算问题、碳定价的问题，不同国家、不同地区的碳公平问题，不同产业间的碳公平问题，以及碳公平的衡量指标等，都是未来需要研究的问题。

中国特色社会主义政治经济学的叙述方法和体系结构：对现有教科书结构与内容的批判性考察

孟 捷*

2015年，习近平总书记提出把中国特色社会主义政治经济学建设成为系统化的学科。从2016年中国人民大学的一位教授出版了关于中国特色社会主义政治经济学的专著，到2017年谢地教授等同志主编了高等教育出版社的教材。2018年、2019年南开大学的老前辈和南京大学的老前辈各自出版了他们编写的教材。短短几年内，中国特色社会主义政治经济学的教材有了长足的发展，同时也给我们提供了一个反思的契机，即反思教材中存在的问题，以及教材所反映的中国特色社会主义政治经

* 孟捷，复旦大学经济学院、复旦大学马克思主义研究院教授，博士生导师。主要研究方向：政治经济学原理、现代资本主义经济、中国特色社会主义政治经济学。

济学的理论体系建设问题。通过对教材的反思，我们也对中国特色社会主义政治经济学理论本身有了深刻的思考。

以下我们主要从体系结构和内容两个角度反思三种教材。

一 关于体系结构的反思

这三种教材的共性是，均采用制度篇、运行篇、发展篇、开放篇的板块型结构来编写。

制度篇讨论社会主义初级阶段的制度体系；运行篇从微观、中观、宏观三个方面讨论经济运行；发展篇涉及发展方式转变、城乡协调；开放篇主要论述开放经济发展。我个人认为这个结构是比较能立得住的，学术界也有一些其他的看法，各有特点，但只是提了一些设想，并没有真正编写成册。

批评板块型结构的同志往往认为板块型结构不如《资本论》的体系结构严密，因为《资本论》有严密的逻辑推演的体系，给人的感觉是高大上，而中国特色社会主义政治经济学的板块型结构给人的感觉是拼凑起来的。但我认为，中国特色社会主义政治经济学的研究对象和《资本论》的研究对象有三个方面的不同：第一，《资本论》的研究对象是一个刚刚找到自己的生产力基础，在工业革命之后刚刚形成成熟的生产方式，而社会主义初级阶段本质上是一个过渡阶段；第二，马克思的叙述逻辑是以资本作为贯穿全书的一根红线，而我们的叙述逻辑一方面是有效市场，另一方面是政府，不是只有一根红线；

第三，《资本论》论述得很抽象，论述了资本主义经济运行的一般规律，而中国特色社会主义政治经济学既涉及市场经济一般规律，又涉及社会主义初级阶段的特殊制度形式，还涉及我们的经济理念、政策和战略，所以内容非常庞杂，中国特色社会主义政治经济学的体系是不容易被构建的。在没有反思这个问题、写这篇文章之前，我们总觉得这个板块型结构有问题，但是真正研究起来才发现板块型结构是有功的，应该继承板块型结构的优点。

在这个结构中，制度篇在整个叙述逻辑中被置于首位，在制度篇中，最核心的是社会主义初级阶段的基本经济制度。研究《资本论》的同志喜欢讲体系结构、逻辑起点，所以我们试图从板块型结构中寻找逻辑起点。我认为中国特色社会主义政治经济学实质上的逻辑起点就是基本经济制度。基本经济制度的内容结构都是二元的，比如说公有制和非公有制、按劳分配和按生产要素分配等。若以基本经济制度为起点，它的叙述逻辑或者逻辑主线一定是两根（政府和市场），而不是一根。所以它是一个双重旋律的变奏，跟《资本论》不一样，《资本论》从头到尾就只有一根主线——资本。

二　关于教材内容的反思

现有的教材，无论是高等教育出版社出版的、中国人民大学出版社出版的，还是经济科学出版社出版的，在中国特色社会主义政治经济学学理化的问题上都有待进一步提高。

这个问题尤其突出地反映在中国特色社会主义政治经济学现有的几种代表性教材中没有充分运用马克思的《资本论》的理论，原因是多方面的。有的是不太敢用，因为《资本论》毕竟是分析资本主义市场经济的，这方面我们应该打破传统教条。

我们创造性地借鉴、运用和发展《资本论》的原理，是非常必要的。因为中国特色社会主义政治经济学中最核心的是解释有效市场，即市场为什么要发挥决定性作用，那么这个理论从哪儿找？只能是从《资本论》中找。《资本论》中的原理可以被运用到市场经济中。我个人的思考和程恩富的观点比较契合，比如程恩富主张剩余价值要分私人剩余价值和公有剩余价值，主张剩余价值可以用于解释社会主义市场经济。这个观点在理论史上是有渊源的，程恩富老师是这个观点，我本人也是这个观点。经过一些批判性的利用和改造，我们是可以运用这些理论的。

如果用价值规律理论解释有效市场，是有失偏颇的，目前，我们对价值规律的理解有一个误区，即没有劳动力的商品化就没有价值规律作为资源配置一般作用的地位。从某种意义上说，张闻天在“文革”期间批评国内学者思想不够解放，在这个问题上，我们国内学者需要更进一步解放思想，因为这个问题不解决，就没办法从根本上解决中国特色社会主义政治经济学的学理化问题。

三　建议

关于完善教科书的编撰有两条建议：第一，要改进现有教材的板块型结构；第二，要最大限度地借鉴和利用《资本论》的范畴和原理，推进中国特色社会主义政治经济学的学理化。正如习近平总书记的一段重要论述：如果说马克思在《资本论》中揭示的关于资本主义生产的基本原理和规律难以适用于社会主义条件下的计划经济的话，那么，对于我们当前正在大力发展的社会主义市场经济，却具有极为重要的指导意义。习近平总书记的眼光非常准确，我们应该把这个命题在理论体系当中、在教科书体系当中兑现。

14 个五年计划的政治经济学分析

——从计划到规划的历史演进

沈　越*

2021 年是“十四五”开局之年，正值中国共产党成立 100 周年。五年计划是党领导经济社会发展的抓手，从计划到规划的演变反映了 70 多年来党领导经济社会工作的历史。本文从马克思主义政治经济学的视角出发，主要讨论三个问题：一是五年计划的由来及演进；二是从计划到规划的蜕变；三是五年计划之不变。

一　五年计划的由来及其演进

五年计划本是计划经济的产物，是社会主义国家为追赶发

---

* 沈越，北京师范大学经济与工商管理学院党委书记，教授，博士生导师。主要研究方向：马克思主义政治经济学、中国经济改革与发展、西方经济学流派。

达国家，通过对国民经济进行全面控制，集中人财物资源直接投资事关富国强兵的重工业领域，是以工业化引领整个国民经济发展的一种资源配置方式。苏联从 1928 年颁布第一个五年计划起，直到 1991 年苏联解体一共颁布了 13 个五年计划，实际完整执行了 12 个五年计划。然而，最后一个计划尚未来得及实施，苏联就解体了，其解体原因很多，但固守计划模式不做彻底改革，无疑是根本性的原因。

苏联计划模式是随着第一个五年计划（1928～1932）的颁布和实施而逐步建立起来的。由于其具有后发优势和计划动员资源的超强能力，一度掩盖了苏联模式在资源配置中的低效率问题。苏联仅用两个半五年计划时间（1928～1941 年苏德战争爆发）就建立起独立的工业体系，缩小了与发达国家的差距，并与当时西方 20 世纪 30 年代大危机状况形成鲜明对照。尤其是这个工业体系在反法西斯战争中发挥了重要作用，使得苏联模式的声誉在第二次世界大战后如日中天，成为落后国家纷纷效仿的楷模，这也是新中国成立后照搬苏联模式的一个重要原因。中国从 1953 年开始颁布实施第一个五年计划，迄今已颁布了 14 个五年计划，与苏联不同的是，中国通过改革开放使制定和实施计划的基础发生了重大变化，促使原本是计划经济手段的五年计划在中国获得新生。

（一）计划经济时期的 5 个五年计划

“一五”计划（1953～1957）被认为是计划经济时代最成

功的一个五年计划。“一五”计划的编制是在苏联直接帮助下制定的，它以156个项目为中心，由694个大中型具体建设项目组成，这个计划为建立起独立的、比较完整的工业体系和国民经济体系奠定了初步基础。“二五”计划（1958～1962）时期，在大跃进、人民公社化运动和“超英赶美”口号下，计划指标不断被修订，致使计划文本最终无法公布。1963～1965年，由于这一阶段处于应对饥荒的调整期，经济发展处于停滞期，五年计划存在3年空档期。“三五”计划（1966～1970）和“四五”计划（1971～1975）正处于“文革”的非正常时期，经济建设让位于阶级斗争，国民经济面临崩溃的边缘。“五五”计划（1976～1980）时期，由于“文革”干扰未能形成单独计划文本，后来在制定新的计划时，把这个五年计划包含在《1976～1985年发展国民经济十年规划纲要》中。在执行这个10年规划的初期，存在急于求成、追求高指标的问题，史称“洋跃进”。随后，1978年党的十一届三中全会后开始调整。

（二）从计划经济向市场经济转轨时期的3个五年计划

“六五”计划（1981～1985）贯彻“以经济建设为中心”的指导思想，并首次把社会发展列为计划重要内容。“七五”计划（1986～1990）在促进社会主义有计划商品经济发展的原则指导下，贯彻对内搞活、对外开放的总方针。此外，值得一提的是，继“六五”计划把社会发展列入五年计划中之后，“七五”计划首次将高校重点投资列入五年计划中，可以说，没有这个五年计划，就没有今天大家熟知的“211”“985”“双一流”等名词。“八五”计划（1991～1995）确立了社会主义市场经济目标，形成了总体开放的格局。

（三）社会主义市场经济时期的 6 个五年计划

“九五”计划（1996～2000）是首个按照社会主义市场经济原则制定的计划。“十五”计划（2001～2005）是新世纪和实施“第三步”战略目标的第一个五年计划，突出了发展主题和结构调整主线。“十一五”规划（2006～2010），称谓从计划变为规划。“十二五”规划（2011～2015），以科学发展为主题，强调转变经济发展方式。“十三五”规划（2016～2020），是全面建成小康社会的最后一个五年规划。“十四五”规划（2021～2025），不再把经济增长速度列入规划中。

二　从计划到规划的蜕变

从“十一五”规划起，“五年计划”更名为“五年规划”，这不仅是称谓的改变，而且是从计划的性质到计划的内容和形式都发生了重大变化，这些变化可概括为以下 5 个方面。

（一）资源配置方式从计划转向市场的根本性变化

一方面，政府把原来通过计划直接分人、分钱、分物的职能转给了市场，资源配置效率发生根本性改观。另一方面，随着政府职能从事无巨细地安排制定一切指标，转到了引领经济社会发展的宏观战略上来，五年规划的重心转到市场做不了、做不好的事情上来。总之，从计划到规划的变化都与资源配置方式转变相关，经济基础变革引发了一系列上层建筑的变化，“五年计划”更改为“五年规划”也是变化的一个结果。

（二）短期年度计划的消亡与中长期计划的重要性与日俱增

在计划经济体制下，具体分人、分钱、分物的年度计划最重要，五年计划不过是5个年度计划的简单加总。那时，除了乌托邦似的美好愿望外，谈不上科学的长期计划。“超英赶美”“两年超过英国”“十五年赶过美国”等口号都是没有科学依据的。体制转型后，具体的资源配置功能交给市场，不仅年度计划成为多余，而且五年计划成为更长期计划的起点。“十四五”规划将五年计划与长期计划合二为一，即《中华人民共和国国民经济和社会发展第十四个五年规划和2035年远景目标纲要》就表明长期计划在规划中的作用越来越大。

目前，中国已经形成了以5年期中期计划为基础、以10～20年期的长期计划为骨干、与更为长远发展战略相互衔接的计划体系。（1）中期计划：从1953年至今，中国已颁布了14个为期5年的中期计划。（2）长期计划：改革开放以来，中国已颁布和规划了为期10～20年的5个长期计划，即1981～1990年、1991～2000年GDP分别翻一番的两个10年期长期计划，2000～2020年全面建设小康社会的为期20年的长期计划，2021～2035

年基本建成现代化、2036~2050 年建成现代化强国的两个为期15 年的长期计划。(3) 长远发展战略：改革开放之初，中国提出了从 20 世纪 80 年代初到 21 世纪中叶长达 70 年的发展战略，即“三步走”战略。这个把经济社会发展的中期、长期和更长远的战略规划联为一体的计划体系，将助推和见证中国的现代化和中华民族的伟大复兴。

（三）规划覆盖面越来越广泛

原来计划只涉及经济领域，自“六五”计划（1981~1985）起增加社会发展内容，全称为“中华人民共和国国民经济和社会发展第 X 个五年计划”。随着时间的推移，五年计划覆盖面越来越广，现已从经济社会发展扩展到生态文明、民生福祉、国家治理能力、文化建设、精神文明、国家安全和国防事业的方方面面。值得一提的是，在“七五”计划（1986~1990）中，高校第一次被列入重点投资对象，“八五”计划再次被列入。这拉开了后来“211”“985”“双一流”等系列专项计划的帷幕，这些专项计划构成国家教育发展总体计划中的重要内容。类似的专门计划也在科技和其他领域中出现，这些专项计划一般都是先列入五年计划，随着计划内容的日益重要，计划便从五年计划中独立出来成为专项计划。可以预见的是，随着中国社会主义市场经济体制的完善，为赶超而设置的五年计划会把越来越多的经济发展职责交给市场，非经济发展职能在计划中的地位还会越来越重要。

（四）编制规划越来越科学

在计划体制下，由于缺乏只有市场才能较准确提供的供需信息，同时由于计划编制受个人因素尤其是领导人的意愿影响很大，计划制定和实施的科学性难以得到保证。计划往往因指标过高而无法完成，在中途不得不进行调整，计划执行中的人为干扰因素也一直影响着计划实施的效率。随着中国社会主义市场经济体制的完善，市场既能更客观地提供制定计划所需的信息，又能较有效地约束计划编制者的认知偏差，为科学制定规划创造了条件。目前五年规划的编制要历时 2～3 年，交流反馈要经历 10 道程序：（1）上一个规划的中期评估；（2）新规划的前期研究；（3）基本思路形成；（4）起草建议；（5）通过建议；（6）制定纲要；（7）专家论证；（8）征求社会各界意见；（9）审议批准；（10）公布实施。五年规划实施后还有监督和执行情况检查等程序。

（五）党的领导作用在规划编制和实施中越来越重要

14 个五年计划都是在党领导下制定的，但从“十一五”规划开始，进一步突出了党的领导。“十一五”规划是第一次在党中央指导下制定的，即在《中共中央关于制定国民经济和社会发展第十一个五年规划的建议》的指导下编制的五年规划。随之而来的是，党中央的指导进入制定五年规划的正式程序之中。首先，由党中央提出五年规划建议；其次，国务院通过发展改革委制定五年规划。从编制规划的技术上来讲，在党中央建议基础上编制规划，虽然多了一道程序，但有助于提高规划编制的科学性。

三 五年计划之不变

从计划到规划不变的是党对经济社会发展的领导，以及政府在经济社会发展中发挥积极作用。这也是中国经济模式不同于西方尤其是英美自由市场经济最重要的特点。

（一）政府职能的不同定位

在西方自生自发市场经济秩序下，政府在经济发展中扮演的是单纯“守夜人”角色，其职能定位是消极的，而不是积极的，这种职能定位使其不可能有较大作为。不仅在经济领域，而且在社会领域中政府的职责也是消极的，例如，除转移支付外，政府没有也不可能有多大积极作为，甚至帮助低收入阶层的福利措施也有可能蜕化为养懒汉制度，这也是西方国家福利病的病根所在。

与之不同，在中国建构论背景下形成的经济社会秩序中，政府的活动领域不仅广泛，而且强调其功能的积极作用，比如，“有为政府”“有作为、有担当政绩观”等说法。在社会发展领域，政府职能也是积极的，例如，“扶贫”不只是给钱立项目，而首先是强调“扶志”和“扶智”，第一是扶志气，不能养懒汉；第二是“扶智”，不是授人以鱼，而是授人以渔。在具体操作上，由上级党政机关选派干部担任农村基层党组织的第一书记、担任扶贫工作的第一责任人等。

（二）党和政府对经济社会引领作用与中国经济转型方式

党和政府在经济社会发展中发挥的积极作用，也与中国在向市场经济转轨过程中的渐进式推进方式有关。中国在转型过程中，不是把过去计划经济时代的所有政府机构都推倒重来，也不是把过去所有推动经济社会发展的做法都否定，而是在裁撤掉一些市场经济不需要的机构的基础上，保留相当一部分传统机构，通过转变职能与市场经济要求保持一致；过去行之有效的一些做法也随之保留下来，但也需要进行改革以适应市场经济的要求。五年规划从计划向规划的转变，就是中国模式成功的一例。因此，与苏联东欧等国的激进式转型不同，这也正可以解释为什么五年计划会随苏联解体而消亡。

总而言之，中国在渐进式转型过程中对政府原有的职能并不是简单抛弃，而是辨证地扬弃，五年规划通过从名称到形式再到内容的有保留的抛弃，在中国经济社会发展中一直发挥着重要作用。

党的领导是中国创造经济奇迹的关键

杨新铭*

长期来看，中国经济从长期停滞、萎缩到迎来经济增长奇迹的拐点出现在1950年后，这应该归因于1949年新中国成立并在其后实现了从新民主主义向社会主义的成功过渡。这一重大的历史性制度变革的背后是中国共产党的领导，而经济建设和经济体制的成功转换是中国共产党经济治理能力不断提高的表现，中国共产党的领导是取得经济成就和创造经济奇迹的根本原因。

一 新中国成立以来的中国经济发展是连续的过程

1949年新中国成立后，中国经济在世界经济体系中的角色

* 杨新铭，《经济学动态》编辑部主任、研究员。主要研究方向：政治经济学所有制理论、国有企业改革以及发展经济学收入分配理论。

变化显著，这个过程有两个变量需要大家关注：一是中国 GDP 总量占世界经济总量的变化；二是中国的人均 GDP 的变化。

在麦迪森的《世界经济千年史》中，中国经济占世界经济的比重在 1821 年前后发生了巨大的转折。1821 年也就是清道光皇帝登基元年，这一年中国经济总量占世界经济总量的 32.9%，比现在美国的经济总量占比还要高；但 1821 年后，中国经济总量占比持续下降，这一过程直到 1950 年前后才止跌回升。这是中国经济的第一个基本事实。从人均 GDP 来看，1821 年同样是一个转折点，即 1821 年以后，人均 GDP 也开始持续下降，直到 1950 年前后拐点到来。所不同的是，GDP 总量占比在 1821 年之前有一个上升的过程，而人均 GDP 则处于长期停滞的状态。这是中国经济的第二个基本事实。

这里面有两个拐点：一是 1821 年中国经济向下发展的拐点；二是 1950 年中国经济向上的拐点。前一个拐点是封建制度逐渐瓦解的过程，后一个拐点是社会主义制度不断显示优越性的过程。由此可见，尽管存在改革开放前后两个时期，但从经济角度看，两个时期是一个完整的过程。这充分证明了习近平总书记所提出的“不能用改革开放后的历史时期否定改革开放前的历史时期，也不能用改革开放前的历史时期否定改革开放后的历史时期”的论断。两个时期尽管经济体制有不同，但本质上都是中国共产党领导的社会主义经济建设实践。

如果进一步观察新中国成立以后经济增长率和固定资本形成率之间的关系，又可以划分为三个小的阶段：第一个阶段是新中国成立到改革开放前；第二个阶段是1979年到1992年；第三个阶段是1992年以后。在1979年之前的计划经济体制下，经济增长率和固定资本形成率的波动频率和波动趋势基本一致，且表现出来的明显特征是固定资本形成率超前于GDP增长率。也就是说，先有计划投资，后有经济增长和经济频繁波动的过程。在第二个阶段，我国经济增长率明显放缓了，经济波动的频率也放缓了，波幅也越来越小，但是经济增长水平比较高，相应的，固定资本形成率的波动和改革开放前的波动呈现高度的吻合。在第三个阶段，即1992年市场经济体制确立后，固定资本形成率开始明显放缓，波峰和波谷之间的差距逐渐缩小，波动的频率也在显著降低，经济增长长周期特征显著。这意味着在持续促进经济增长过程中，在两种经济体制转换的过程中，中国共产党治理经济的能力不断提高，宏观经济体系越来越稳定，对本国投资这根主线的依赖程度越来越低了。

二 由计划向市场转型呈现了“中国方案”

在市场主体发展不充分的条件下，通过计划经济和国有企业发挥政府作用，是一个相对落后的国家动员有限资源的最有效方式。因此，我们不能用今天的市场的有效和高效来否定我们新中国成立后的计划经济的无效，计划经济可以说在新中国成立后相当长的时间里发挥社会主义制度集中力量办大事的优势，计划经济的作用不仅有效而且的确满足了我国发展的阶段性要求。同时，计划和市场的作用的发挥也是有条件的。在不同的条件下，计划和市场都可能是有效的。随着经济的发展，这些条件发生了变化，相应的就需要调整经济体制。从这个角度讲，中国经济的成功归功于中国共产党在不同的条件约束下，所选择的经济体制都是最适当的，而且在体制转型中又避免了经济的波动。

从计划经济成功转向市场经济也并不容易。从 1978 年改革开放的探索开始，到 1992 年确立社会主义市场经济体制的改革方向，再到 2002 年党的十六大宣布初步建成了社会主义市场经济体制，再到 2019 年把社会主义市场经济上升为国家的基本经济制度，这个过程中国用了 40 多年。这和同期苏东国家试图通过“华盛顿共识”的“休克疗法”在几年之内就把市场经济体制建立起来截然不同。从结果看，苏东国家在 20 世纪 80 年代到 90 年代初都经历了经济巨幅波动，甚至出现大幅度的经济萎缩，而我国虽然也出现了一定的波动但却要平稳许多，实际的经济萎缩从未发生。这就意味着，中国依据本国国情制定的渐进式改革的中国方案——“北京共识”是非常成功的，它有效避免了可能出现的经济大幅波动和由此带来的经济衰退和萎缩。而逐渐发挥市场资源配置作用的基本经验证明了市场和计划在转型过程中都要发挥作用，要相互弥补制度缺失带来的风险。由此可见，中国经验不仅验证了市场经济是有效的，同时政府也是可以有所作为的。这也充分说明了不同的国家完全可以选取适合自身发展的方案。

从学理上讲，虽然中国经济体制的转型过程是一个强制性制度变迁过程，但其所采取的渐进式的市场化改革，即经历40多年分步骤、分阶段进行改革并在不同的阶段上解决不同的问题，实质上更加符合诱致性制度变迁的逻辑。从政府决策角度看，采取收益最大化逻辑还是成本最小化逻辑在实际经济中的效果是不同的。这是因为经济生活是一个非常复杂的系统工程，有众多的不确定因素是难以预料的，因此，选择收益最大化逻辑进行决策往往不能收到预期效果。相反，采取次优逻辑或者成本最小化逻辑进行决策，更加具有底线思维，反而避免了最坏的处境，从而获得了持续的改进。中国在转型过程中的决策往往是次优逻辑和成本最小化逻辑，而苏东国家则采取了激进的收益最大化逻辑。从这个角度讲，合理选择发挥政府的作用方式比是否要发挥政府作用的判断更为重要。从直接参与经济过程到间接参与经济过程，这不仅是经济运转方式的转变，也是经济学研究范式的转变。

三　党领导经济的学理性表达

在政府对经济工作的参与方式的转变过程中更重要的是要提高政府治理经济的能力。一般认为，中长期规划——五年计划是政府参与经济和指导经济的一个非常重要的抓手。新中国成立后，我国便制定了五年计划，至今已经制定了14个中长期规划（计划）。然而，政府对经济工作做出规划指导并不是中国特有，苏联依靠五年经济计划实现了本国的工业化，在苏联计划经济前期，其经济增长速度非常快，这在一定程度上也意味着计划本身也是有效的，但是也要考虑现实条件。除了苏联，东欧社会主义国家也有计划。此外，日本有三年计划，印度有五年计划。但苏东国家的经济计划因制度发生了根本性更迭而中断。日本、印度等国家的经济计划与选举制度联系密切，政党选举更迭经常使经济计划中断。只有我国的中长期规划（计划）能够持续得到执行，且往往都可以超前实现。这充分保障了我国经济发展的持续性和稳定性。

中长期规划（计划）得以持续执行的背后依然是政党在整个经济治理过程当中扮演着重要的角色。在推进中国特色社会主义政治经济学研究的过程中，值得思考的是中国共产党的核心作用：第一，党的领导可以最大限度地凝聚改革的共识，可以有效降低两种体制转换过程当中的交易成本；第二，党的领导是保持政府政策稳定性的基础，是渐进式改革得以进行的保障；第三，党领导经济的体制机制不断制度化、透明化的过程，稳定了市场主体的预期。

同时，在市场经济的研究中也不可忽视以下两个基本的事实。第一，市场经济模式是多元化的，不是唯一的。既有美国模式，也有德国模式，各国可以根据自己的国情选择最适合自己的市场经济模式。第二，市场经济不是万能的，不能解决所有的问题，也有市场失灵和失败。市场失灵是经济问题的无效率，市场失败是社会问题的具体表现。所以市场不是完美的，这就需要政府发挥作用。

中国特色社会主义市场经济体制的建成有以下两重含义。第一，从社会主义实践的价值来看，落后的国家可以通过发展生产力，赶超发达国家，这既符合马克思所说的社会主义制度建成以后要尽快发展生产力的基本论断，也意味着我们超越了苏联计划经济的传统模式，无论是在实践上还是理论上，我们都实现了超越。第二，作为东亚经济模式之一，中国向市场经济转型又提供了一个成功的案例。20 世纪 90 年代关于克鲁格曼对东亚模式的质疑的争论可以休矣，因为，中国的经济发展再一次用事实证明了政府主导的市场经济也是有效率的。

中国特色社会主义政治经济学的特征性内涵

沈开艳*

中国特色社会主义政治经济学的特征性内涵，即特征和内涵两个方面兼具的特征。中国特色社会主义政治经济学的特征和西方经济学、传统的马克思主义政治经济学有所不同，其中有些特征是带有概念性的，有些是带有内涵性的，我把具有内涵的、实质性内容的特征梳理为中国特色社会主义政治经济学的特征性内涵。

我们研究中国特色社会主义政治经济学，特别是在建党百年的时刻研究这个学科，最基本的前提就是中国特色社会主义政治经济学中党的领导。我们研究要基于几个基本的认识和原则：第一，要与中国的基本经济制度的任务和研究相一致；第

* 沈开艳，经济学博士，上海社会科学院经济研究所所长、研究员，博士生导师。主要研究方向：社会主义政治经济学、中国经济改革与发展、区域经济战略与长三角一体化、印度经济。

二，要与中国市场经济改革的目标和方向相一致；第三，要与马克思主义经济学的立场、观点、方法相一致。

基于这几点基本认识，当代中国特色社会主义政治经济学有以下几个特征性内涵。

第一，初级阶段的时代特征。社会主义初级阶段既具有长期性，同时又表现出一些新的阶段性的特征。比如习近平总书记提出的“三新”（新发展理念、新发展阶段、新发展格局），其中谈到的新发展阶段，即社会主义初级阶段会有新的阶段性的特征。未来社会主义现代化强国的实现将标志着我们从社会主义初级阶段逐渐向社会主义更高级的阶段迈进，这就是中国特色社会主义政治经济学所具有的时代特征。今后要在全面建成小康社会的基础上分两步走，在21世纪的中叶建成富强民主文明和谐美丽的社会主义现代化强国，这就标志着我们的初级阶段应该是从这个时期后，从社会主义现代化强国的建成向更高阶段迈进，意味着中国特色社会主义现代化拓展了发展中国家走向现代化的途径，中国的政治经济学也可能会为解决人类问题贡献出中国智慧和中国方案。

第二，所有制的制度性特征。巩固和发展公有制经济，鼓励、支持和引导非公有制经济的发展是我们的基本经济制度所强调的，这也是中国特色社会主义政治经济学的制度性特征。一方面，中国特色社会主义政治经济学应当探索如何加强党对国有经济的领导作用，提升国有资本的运营效率，主要实现国有资本的保值增值。另一方面，应当鼓励、支持和引导非公有制经济的发展，重视非公有制经济的改革举措，在非公有制经济发展政策体系方面营造良好的政策氛围。

中国特色社会主义政治经济学具有二元性或者双重性，马克思主义经济学一以贯之，以资本为主要研究对象和核心范畴，而我们的研究同时具有社会主义初级阶段、社会主义市场经济的二元特征。

第三，多元产权关系的特征。虽然“产权”这个词是借鉴西方经济学而来的，事实上，现在政治经济学方面运用“产权”的概念越来越多了。如何构建公私分明、产权清晰和权利均等的社会主义产权制度，在中国特色社会主义经济关系方面就具有多元的特征，产权的清晰界定、公私分明是混合所有制经济发挥作用的前提，也是社会主义产权性质的体现。

对中国来说，产权主要包括三个方面：国有产权、农村的集体产权以及非公产权。虽然国有产权和农村集体产权都可以看作公有范围的产权，但二者具有不同的性质。中国特色社会主义政治经济学对于产权关系的探索应该包括全面深化和推进国有企业产权制度的改革、统筹城乡关系的改革、完善农村各类产权关系的改革、社会主义市场经济主体产权制度的规范化建设，以及不断完善社会主义的财产权的结构，进而发展和完善社会主义的生产关系等。

第四，政府与市场关系的辩证逻辑。我认为中国特色社会主义政治经济学，或者说中国经济运行中所展开的各种各样的关系，都是由政府和市场这一对辩证逻辑所演绎出来的。应该说，它是整个中国特色社会主义政治经济学主线中最重要的主线。从党的十一届三中全会到党的十九届三中全会，中国的市场经济体制改革的全领域、各阶段改革的主线始终是正确地处理政府和市场的关系。中国特殊国情下的政府和市场关系具有不同于西方的多元性和复杂性，呈现了经济、社会与文化，宏观与微观以及生产力与生产关系等各种各样的维度，这些理论都极大地超越了西方市场经济的实践积累以及现有的社会主义发展的经验教训，同时也要求中国特色社会主义政治经济学将其作为长期的主线进行深入探讨。

第五，收入分配的公平性。坚持按劳分配的原则、按要素分配的体制机制使得我国的收入分配在更合理、更有序的运行过程中成为中国特色社会主义政治经济学的核心要点。按劳分配与按要素分配相结合的基本分配原则，是生产要素所有权在经济上的实现，也是坚持公有制为主体、多种所有制经济共同发展的基本经济制度的要求。这其中呈现了三个特点：其一，体现公平和效率有机的统一；其二，体现经济增长和共同富裕的有机统一；其三，体现政府力量和市场力量的协调与融合。

第六，以事权配置为特征的央地关系。这也是国家主导型的市场经济体制，或者说一党制下的政府—市场关系中所特有的中央和地方的关系。从中国发展的历史来看，中央和地方的关系始终处在动态演进的过程之中。从体制的构成来看，政治上相对集中、经济上相对自主的中央—地方关系形成了中国独特的政治经济结构。因此，集权和分权相互交织，为改革发展和稳定提供了特殊的制度条件。从意义和作用来看，地方的试验性探索，以及地方间的经济竞争在很大程度上决定了中国市场化改革的具体路径，地方政府既可以成为国家层面的改革动力，也可能会成为改革的阻力。中央政府如何通过顶层设计动员地方政府改革，防止地方政府成为改革的阻力，这需要中国特色社会主义政治经济学提供深层次的理论支持。

第七，产业政策。产业政策是全过程、全领域的，产业结构是客观存在的，但是产业政策在很多国家是无为而治的，在中国，产业政策对于发展方式的转变、经济结构的优化、增长动力的优化有着非常重要的意义，中国特色社会主义经济体系的优势在产业政策方面得到了充分的体现。我们的经济已经由高速增长的阶段转向了高质量发展的阶段，政治经济学的研究也从需求侧向供给侧拓展，以供给侧结构性改革为主线，推动经济发展的质量变革、效率变革、动力变革，提供全要素生产力变革，构建实体经济、科技创新、现代金融、人力资源协调发展的产业体系显得更加重要。供给侧结构性改革成为产业结构研究中的核心问题，在这个过程中有许多产业政策随着供给侧结构性改革的深入不断出台。这些问题的出现和政策的出台，都是亟须顺应和引领经济发展新常态的重大理论创新，这也是我们国家经济增长方式转变的必然要求。

第八，以人民为中心的人本思想。以人民为中心、社会共同富裕、人与自然和谐共处的追求是中国特色社会主义最核心的人本思想。当前我国主要矛盾是人民日益增长的美好生活需要和不平衡不充分的发展之间的矛盾。人本思想在经济运行中表现为：其一，强调社会主义初级阶段共同富裕的进程；其二，强调经济发展成果由全体人民共享和人民获得感的提升；其三，重视减贫脱贫的问题；其四，全面建成小康社会要注重解决社会公平正义的问题，实现人与社会、人与自然的和谐共处。

第九，发展为第一要务的核心理念。解放和发展社会生产力、以发展为第一要务、提高人民生活水平，这是中国特色社会主义政治经济学需要遵循的重要理念。从以邓小平同志为核心的第二代中央领导人正式提出建设“有中国特色的社会主义”新命题开始，当时是有“有”字的，到“三个代表”重要思想，再到“以人为本的全面协调可持续”的科学发展观的提出，而后以习近平同志为核心的党中央提出了一系列治国理政的新理念、新方略，到现在逐步确立了“创新、协调、绿色、开放、共享”五大发展理念。党中央领导集体在不同的历史时期的发展理念既一脉相承，又有重大的理论创新，深刻揭示了中国特色社会主义道路的发展规律。

第十，改革与开放的相互促进。坚持改革与开放相互促进，主动地参与和推动经济全球化的进程，发展更高层次的开放型经济，这就是中国特色社会主义政治经济学的路径选择。我们以前研究政治经济学时，开放是被作为外生变量纳入考量的，而目前开放和全球化已经成为当代经济增长的内生变量了。现在我们在研究中国特色社会主义政治经济学时，开放是一个不能忽略的命题，以改革促开放，以开放促改革，开放推动改革进一步深化，同时又以改革的不断深化来提升对外开放的水平和层次，这是建设中国特色社会主义市场经济的总体路径。因此，中国特色社会主义政治经济学要坚持对内改革和对外开放的基本国策。构建以国内大循环为主体、国内国际双循环相互促进的新发展格局，就体现了新的开放理念。在这种新的开放理念下，发展更高层次的开放型经济，积极参与全球化治理，就成为中国特色社会主义政治经济学的核心内涵之一。

马克思“机器代替劳动”视角下的工资和劳动收入份额

王艺明*

“机器代替劳动”是马克思主义政治经济学研究的一个重要问题，马克思认为资本主义生产的普遍趋势是在生产部门中普遍使用机器代替人的劳动，这是马克思关于“机器代替劳动”问题的主要观点。马克思认为机器的一切改良和一贯目的以及“机器代替劳动”的总体趋势是要完全代替人的劳动。他认为资本主义国家的经济发展趋势和生产规律就是用机器全面代替人类的劳动。同时马克思也认为机器的应用在大幅度提高劳动生产力的同时，也对劳动者产生了反向作用，即劳动者去技能化趋势不断加强，以简单劳动代替复杂劳动并减少对雇佣

* 王艺明，厦门大学王亚南经济研究院副院长，教授，博士生导师。主要研究方向：马克思主义经济学、财政学、金融学。

劳动力的需求，从而产生了过剩劳动力。这样的趋势所导致的两方面问题需要考虑，一是降低了劳动力商品的价值；二是加剧了无产阶级之间的残酷竞争，从而使劳动力价值和工资水平保持在最低水平线上，这是马克思关于这个问题的基本逻辑，展开来讲可以分为以下几个方面。

第一，工资和利润之间的竞争关系。马克思劳动价值论认为“V + M”的部分是劳动者创造的新价值。V 增加则 M 减少，M 增加则 V 减少，马克思认为工资和利润之间是直接竞争的关系，工资提高必然导致利润率下降。

第二，资本有机构成提高，机器不断代替劳动，雇佣工人数量减少，导致劳动力价值和工资降低到最低水平线上。首先，提高劳动生产力，劳动者的劳动力价值降低，也即劳动者所需的消费资料的价值降低，从而导致必要劳动时间减少。其次，从现实来看，劳动者的去技能化不断加强，在资本主义狂飙突进的时代，使用妇女、童工代替成年工人，以非熟练工人代替熟练工人，降低工人复杂度成为主流。最后，过剩劳动力和劳动者之间的竞争导致劳动力价值或工资的降低。因此，马克思认为，所有应用机器都是为了镇压罢工而发明的，因为机器对工人的排挤越大，工人之间的竞争越激烈，这样就会导致工人的工资降低。

第三，对机器本质的规定。机器成为资本的形式，成为资本驾驭劳动的根本权力，机器成为与劳动相敌对的资本形式。马克思对未来的工业社会做出了预测，认为现代工业的发展会越来越有利于资本家，而不利于工人。所以资本主义生产的总趋势是使平均工资水平降低，使劳动力的价值降低到最低限度。西方经济学的边际生产力理论也认为资本积累越多，生产资料机器的使用越多，资本要素的边际贡献就会下降，劳动力的报酬则会增加，马克思主义则认为资本生产的总趋势使平均工资水平降低，甚至会降低到最低限度。

从美国经济发展的实践来看，自20世纪70年代以来美国的经济发展有三个特征事实，也很好地体现了机器代替人类劳动的问题。首先，劳动者收入增长率远远低于经济增长率。在美国拥有本科及以上学历的劳动者，从20世纪70年代末以来他们的实际工资中位数年均增长率为百分之零点几，远低于美国的实际经济增长率。低学历的劳动者的工资从20世纪70年代末到当下的40多年里是下降的。这在一定程度上反映了美国普通劳动者的收入是低增长或负增长的。其次，近几十年来，美国的劳动者收入份额占比已经从0.6%下降到0.5%，呈现不断下降的趋势。最后，美国最富有的1%的人口收入、财富占比在最高的时候达到了40%，而美国最贫穷的50%的人口的财富占比变化情况却是负数，即美国有一半人口的净财富为负数。在几乎所有发达国家中，最富有人群即前1%的人群，其收入占比呈现不断上升的趋势。

诺贝尔经济学奖得主斯蒂格利茨认为美国劳动者实际工资中位数增长微乎其微，且高中和本科学历以下人群的工资水平是下降的，大部分经济增长带来的收益全部被前1%的富裕群体拿走了，这个趋势在人工智能和数字经济时代有可能进一步强化。因为在传统时代，机器的发展对人工来说有一定的互补性，现在机器从体力和脑力上完全代替人类劳动者，因此贫富差距的趋势可能会进一步扩大。

现有研究认为制造业里面每增加1个机器人，将会导致大约3.3名工人被取代，工资大约会降低0.4%。根据科学家的预测，未来45年大概有50%的工作会被机器取代，而到未来120年，大部分人类工作都会被机器取代。传统的西方经济理论认为资本的累积和大机器的应用会使得工人工资提高，但这种情况在实际中并没有发生，事实上贫富差距还在进一步扩大。根据这个问题，我所做的实证研究结果显示，机器的应用使得劳动收入份额不断下降，劳动工资也呈现显著下降趋势，而且相关性显著，这也反映了在资本有机构成越来越高、机器应用越来越广泛的背景下，雇佣劳动力的工资会呈现不断下降的趋势。但这个实证结果在发展中国家有一定的差异，因为发展中国家没有进入发达阶段，因此发展中国家的实证研究结果并不显著，劳动收入份额在发展中国家呈现上升趋势。

综上，在资本主义生产方式下，随着机器人越来越取代人类劳动，劳动生产力获得更快提高、人工生产力快速下降，导致整体经济富裕但不平等的程度提高，经济增长的收益越来越多地被少数富裕阶层所享有，劳动工资不会随着生产力的提高而提高，甚至还可能会下降。

与此同时，人工智能是一把“双刃剑”，对于中国经济发展来说，在人工智能引领新一轮科技革命和产业革命的时代，我们既要为人工智能的发展保驾护航，使之促进我国生产力的发展，也要尽量减少它带来的负面效应。

马克思主义整体性视域下中国特色社会主义政治经济学理论体系研究

颜鹏飞*

马克思主义整体性原理是关于认识世界与改造世界的科学辩证法、唯物史观和思维方式，揭示了自然、社会和思维的内在联系和发展规律。中国特色社会主义政治经济学理论体系尤为凸显马克思主义整体性及其当代价值。

一　吸收三大优秀思想资源，诠释马克思主义整体性原理

（一）马克思主义经典作家关于整体性原理的论述

马克思首创了总体论或整体论唯物史观。他强调“每一个

* 颜鹏飞，武汉大学经济与管理学院二级教授，博士生导师，马克思主义理论与中国实践协同创新中心研究员。主要研究方向：理论经济学、国外马克思主义、资本论。

社会中的生产关系都形成一个统一的整体"[①]，并且首次构筑"从属"型发展与"创造"型发展相结合的"整体"发展观。

恩格斯推出了"总的合力"唯物史观，认为"世界表现为一个统一的体系，即一个有联系的整体"[②]；强调"这些原理的实际运用，正如《宣言》中所说的，随时随地都要以当时的历史条件为转移"[③]。他还倡导研读马克思主义经典文献的"三原"[④]（"原文""原话""原著"）原则，概念、定义和范畴"变形"学说，"术语革命"观，以及马克思主义"通俗化"原理。

列宁认为，马克思主义是"完备而严密"的"完整的世界观"，[⑤]"马克思主义的全部精神，它的整个体系，要求人们对每一个原理都要（α）历史地，（β）都要同其他原理联系起来，（γ）都要同具体的历史经验联系起来加以考察"，[⑥]也就是"考察了所有各种矛盾的趋向的总和"、"社会中一切阶级相互关系的全部总和"以及根据社会经济的全部总和来分析问题。[⑦]

（二）中国古代国学经典研读方法具有朴素的整体性

中华民族具有敬畏国学经典、学习国学经典的传统，其研读方法具有朴素的整体性：一是"知行合一，知行并进"，集

---

① 《马克思恩格斯选集》（第1卷），人民出版社，2012，第222页。
② 《马克思恩格斯文集》（第9卷），人民出版社，2009，第346页。
③ 《马克思恩格斯选集》（第1卷），人民出版社，2012，第376页。
④ 《资本论》（第3卷），人民出版社，1975，第1005页。
⑤ 《列宁选集》（第2卷），人民出版社，2012，第309页。
⑥ 《列宁选集》（第2卷），人民出版社，2012，第785页。
⑦ 《列宁选集》（第2卷），人民出版社，2012，第425、443页。

学与行、治学与经世为一整体；二是融“小学”（训诂学、版本学、校勘学）和“大学”（“六经注我、我注六经”）为一体。

（三）中国共产党人关于整体性原理的论述

毛泽东整体性思想的精髓，就是“不但要在各个矛盾的总体上，即矛盾的相互联结上，了解其特殊性，而且只有从矛盾的各个方面着手研究，才有可能了解其总体”①。习近平进而提出“事物是普遍联系的，事物及事物各要素相互影响、相互制约，整个世界是相互联系的整体，也是相互作用的系统。坚持唯物辩证法就要从客观事物的内在联系去把握事物，去认识问题、处理问题。要着力增强发展的整体性协调性”②，他还提出总体国家安全观以及全方位、全领域、全要素的哲学社会科学体系，包括学术体系、学科体系、话语体系三大体系。

关于马克思主义经典著作整体性的研究大致上可以划分为三大阶段：第一阶段是以马克思主义传入中国作为起点；第二阶段是以改革开放和“真理标准问题大讨论”为契机，对马克思主义经典文本展开卓有成效的“文本—文献学”探讨；第三阶段是20世纪末21世纪初开启了马克思主义经典著作及其整体性研究的新阶段。

党的十八大以来，中国真正步入了“整体性发展的新时

① 《毛泽东选集》（第1卷），人民出版社，1991，第312页。
② 《习近平谈治国理政》（第2卷），外文出版社，2017，第204页。

代"[①]，"马克思主义学"即"马克思主义的元理论"也应运而生，其特点是关注马克思主义整体性的根本问题，即研究对象的总体性、研究方法的整体性和研究问题的综合性，也就是掌握三大文本和三大逻辑的内在统一性，即掌握原始文本、学理化文本、本土化文本的统一和历史逻辑、理论逻辑、现实逻辑的统一，处理好三大文本和三大逻辑的总体性关系。[②]

（四）西方马克思主义的方法论整体主义

西方马克思主义或多或少有马克思"总体"或者"整体"论情结，尤为推崇"总体性"（totality）、"整体"（the whole）和"方法论整体主义"（methodological holism）。西方马克思主义派别林立。《马克思主义与总体性：从卢卡奇到哈马斯的概念历险》的作者马丁·杰伊认为，马克思是一位"整体论或者总体论思想家"；倡导"总体性辩证法"的卢卡奇"作为一种整体性哲学的马克思主义的历史奠基人"；柯尔施和葛兰西属于"整体性哲学的马克思主义的第一代经典奠基人"。[③]

---

① 韩庆祥、邱耕田、王虎学：《论马克思主义的整体性》，《马克思主义列宁主义研究》2012 年第 12 期。

② 肖巍：《创新马克思主义整体性研究的视角和方法》，《思想理论教育导刊》2008 年 2 期；肖映胜：《"三个内在统一"：马克思主义整体性研究的集中体现》，《吉首大学学报》（社会科学版）2009 年 5 期；张云阁：《马克思主义整体性的三维逻辑》，《新东方》2010 年 2 期；严兴文：《中国特色社会主义理论体系整体性研究综述》，《韶关学院学报》2011 年 5 期。

③ 〔匈〕卢卡奇：《历史与阶级意识——关于马克思主义辩证法的研究》，杜章智等译，商务印书馆，1992，第 76、56 页；费伦茨·费赫尔、关斯玥、王宁：《整体性哲学的强盛与衰落——对马丁·杰伊〈马克思主义与总体性：从卢卡奇到哈贝马斯的概念历险〉的探讨》，《学术交流》2019 年第 7 期。

20世纪末21世纪初，世界性学术思潮的一种新动向是第四次“马克思手稿热”，尤其是《马克思恩格斯全集》历史考证版（$MEGA^2$）的问世，为马克思主义经典文本及其整体性研究提供了基础性条件。《资本论》学（涉及文献学、阐释学、运用学、形成史、传播史、研究史等）、马克思学、列宁学、马克思—恩格斯说，蔚然成风。

二　关于马克思主义整体性研究的七大要素

马克思主义整体性研究的七大要素不是相互分离的，而是具有内在的联系或者整体统一性。

（1）时代背景。这是马克思主义整体性原理产生的唯物主义物质前提。

（2）把握文献学或版本学考证方法，考察和探讨概念、术语或范畴变形的全过程，从中找出“术语革命”的端倪，从整体上完整地把握其历史逻辑、理论逻辑和现实逻辑的内在统一性，弄清楚历史文献学意义上的原始文本、理论阐释意义上的学理化文本，从而凸显整体性原理的全面性。

（3）用以展示历史路标的史论结合、一论多史的方法。“下一番功夫去钻研经济学、经济学史、商业史、工业史、农业史和社会形态发展史”①，这是研究“原始的历史文献”的

① 《马克思恩格斯全集》（第37卷），人民出版社，1971，第433页。

“钥匙”。

（4）人文社会科学的“田野调查”即社会经济调查，不但有助于在困扰马克思主义思想史研究的诸多难题上取得重要进展，[①] 而且是指导革命运动和建设实践的“看家本领”。应该强调指出，在马克思主义学说史上，恩格斯的《英国工人阶级状况：根据亲身观察和可靠材料》、毛泽东的《湖南农民运动考察报告》是社会经济调查的典范。

（5）构建思想或逻辑体系至关重要。无论是学术体系还是学科体系和话语体系，都是马克思主义整体性的外化、结晶和载体。

（6）各种评论。在马克思看来，“这种历史的评论不过是要指出，一方面，经济学家们以怎样的形式互相进行批判；另一方面，经济学规律最先以怎样的历史上具有决定意义的形式被揭示出来并得到进一步发展”[②]。

（7）马克思主义整体性原理的时代化、本土化和通俗化。恩格斯一直在思考这个问题：“这一著作原来根本不是为了直接在群众中进行宣传而写的。这样一种首先是纯学术性的著作怎样才能适用于直接的宣传呢？在形式和内容上需要做些什么修改

---

① 例如：笔者作为德国特列尔大学访问学者，参加《共产党宣言》150周年研讨会，并且多次赴《共产党宣言》诞生地比利时布鲁塞尔以及伦敦索浩区红狮子咖啡馆，走访了布鲁塞尔劳动社会党马克思主义研究所所长玛丽·麦克加维甘（Maria McGavigan）等人，得以揭示关于《共产党宣言》何时（1848年1月竣稿）何地（主要是布鲁塞尔郊区野林旅馆）产生之谜。

② 《马克思恩格斯全集》（第33卷），人民出版社，2004，第417页。

呢?”[1] 恩格斯的《社会主义从空想到科学的发展》就是一个典范，马克思为此而专门作序，称它是“科学社会主义的入门”。

三 凸显整体性当代价值的中国社会主义政治经济学理论体系

马克思把构建政治经济学“体系”、逻辑“结构”、“总体”或者“整体”即“整个的内部联系”视为德国民族的功绩乃至德国科学的辉煌成就。黑格尔把“体系”或者“圈圈”视为表达真理“全面性”的最好形式，强调“真理只有作为体系，才是现实的”。中国特色社会主义政治经济学理论体系的研究对象和逻辑起点，是树立新时代中国特色社会主义政治经济学理论体系、衡量和把握马克思主义整体性水平的重要标志。

（一）关于中国特色社会主义政治经济学研究对象的整体性

研究对象的整体性需要先区分两组研究对象，即与研究方法相关的研究对象和与叙述方法相关的研究对象，进而确定两个导向即“问题导向”和“逻辑导向”，从而体现两组对象、两种方法、两条道路和两种导向的对立统一。

1. 研究方法是从现象到本质的方法，是从完整的表象蒸发

① 《马克思恩格斯文集》（第 3 卷），人民出版社，2009，第 494 页。

为抽象的规定的方法，也就是马克思所强调的从具体上升到抽象的“第一条道路”。马克思在《资本论》第一稿中，开篇的第一句话，就是“摆在面前的对象，首先是物质生产”，换言之，与研究方法相联系的研究对象就是生产方式亦即现实的劳动过程。毋庸置疑，其特征就是“问题导向”，即一切从实际出发，从调查研究入手，把大量的感性材料加工成理性材料，以便去指导人们的实践，解决现实问题，从而成为可供构建逻辑体系的逻辑构件。

2. 叙述方法是关于“思维用来掌握具体并把它当作一个精神上的具体再现出来的方式”，即从抽象上升到具体的方法，这是马克思所归纳的“第二条道路”。与其相联系的，是以本质层次的概念和范畴为研究对象。毋庸置疑，其特征是“逻辑导向”，是把本质逐步还原为包含着诸多规定和关系的思想总体。

就中国特色社会主义政治经济学体系逻辑运动的总路径和总过程而言，其研究对象就是社会主义生产方式及与其相适应的生产关系、分配关系、交换关系和消费关系。

学术界有一种关于研究对象三维度的观点值得进一步商榷，即将研究对象划分为直接研究对象（商品、商品生产及商品交换）、核心研究对象（资本及其增殖运动）和最终研究对象（资本主义生产关系及其运动规律）。

（二）关于中国特色社会主义政治经济学体系逻辑起点的整体性

马克思实际上确立了逻辑起点选择的整体性五大原则，亦即抽象性、现实性、始基性（包含着此后展开的一切矛盾的胚芽）、历史性（历史与逻辑相一致的原则），以及抽象性服从现实性而置于首位。这也是马克思最终放弃价值而把商品作为逻辑起点的理由。

应该以大量存在于社会主义初级阶段中的现实的社会主义公有制市场经济形态条件下的“变形的商品”，作为中国特色社会主义政治经济学体系的逻辑起点或元范畴。迄今为止，商品已经经历了三次变形（实体性资本主义商品—虚拟经济品—社会主义“变形的商品”）。基于“两个毫不动摇”的双层所有制结构的制约条件，社会主义“变形的商品”大量存在于现实的社会主义市场经济形态之中，并不断地被再生产出来，其发展趋势是第四次变形（“变形的商品”向公共品转化），由此推动社会经济形态的发展。

学术界流行的基本经济制度起点论、自主的联合劳动起点论、国家起点论、“人民主体论”等，值得进一步商榷。这些观点在一定程度上有悖于马克思逻辑起点“五性合一”的整体性原则。

四　马克思主义整体性唯物主义研究

（一）《1857～1858年经济学手稿》的“导言”在马克思主义经济思想发展史上，首次对唯物史观做了整体性理论阐述

“新的生产力和生产关系不是从无中发展起来的，也不是

从空中，又不是从自己产生自己的那种观念的母胎中发展起来的……这种有机体制本身作为一个总体有自己的各种前提，而它向总体的发展过程就在于：使社会的一切要素从属于自己，或者把自己还缺乏的器官从社会中创造出来。有机体制在历史上就是这样向总体发展的。它变成这种总体是它的过程即它的发展的一个要素。"[①] 马克思在这里首次提出了以"总体"（"有机体制"或者"新的生产力和生产关系"）为核心概念的"从属"型与"创造"型并重的整体发展观，批判以三个"不是"为代表的历史虚无主义，第一次试图回答"总体"是如何发展的，亦即两条发展路径（"使社会的一切要素从属于自己，或者把自己还缺乏的器官从社会中创造出来"）学说。与此同时，关于社会经济形态的术语、概念与规律却还没有被固定化。

（二）1859年《政治经济学批判》的"序言"，再次对唯物史观做了整体性理论概括

"人们在自己生活的社会生产中发生一定的、必然的、不以他们的意志为转移的关系，即同他们的物质生产力的一定发展阶段相适合的生产关系。这些生产关系的总和构成社会的经济结构，即有法律的和政治的上层建筑竖立其上并有一定的社会意识形态与之相适应的现实基础。物质生活的生产方式制约着整个社会生活、政治生活和精神生活的过程。不是人们的意

① 《马克思恩格斯全集》（第46卷·上），人民出版社，1979，第235~236页。

识决定人们的存在，相反，是人们的社会存在决定人们的意识。社会的物质生产力发展到一定阶段，便同它们一直在其中运动的现存生产关系或财产关系（这只是生产关系的法律用语）发生矛盾。于是这些关系便由生产力的发展形式变成生产力的桎梏。那时社会革命的时代就到来了。随着经济基础的变更，全部庞大的上层建筑也或慢或快地发生变革。”①

马克思在这里推出三组矛盾（生产力与生产关系、经济基础与上层建筑、社会存在与社会意识），凸显了关于“矛盾”“革命”“变革”的“创造”型发展观。显然，关于经济的社会形态的术语、概念与规律已经被固化。

但是，学术界大多把这段论述视为唯物主义历史观的全部核心内容和唯一的经典表述，而《1857～1858 年经济学手稿》的“导言”对唯物主义历史观的首次整体性阐述，却被束之高阁，从而对各个社会经济形态之间的继承性、兼容性或包容性有所忽视，破坏了马克思主义唯物史观的整体性。

（三）马克思还提出了与“五形态”说并行不悖的“三形态”说

“三形态”说即从“人的依赖关系”到“以物的依赖性为基础的人的独立性”再到“自由个性”的历史，“探明了作为一定生产关系总和的社会经济形态这个概念，探明了这种形态

① 《马克思恩格斯文集》（第 2 卷），人民出版社，2009，第 591～592 页。

的发展是自然历史过程，从而第一次把社会学放在科学的基础之上"[①]。此外，马克思在晚年探讨了社会机体的演进路径，主要有两组四条路线、路径或模式：第一组是社会经济形态的发展五形态路径，以及社会经济形态的发展三形态路径；第二组是关于以英国为典型的西欧各国社会（经济）形态发展模式和演进路径，以及另一条适用于东方、落后的前资本主义国家的社会（经济）形态的演进路径、发展道路和模式。应该从总体上、从发展上、从本质上、从联结上（也就是既融"三形态"说与"五形态"说于一体，又融社会技术形态、所有制形态、人的发展阶段、社会经济形式于一炉）把握马克思主义的整体性学说。

综上所述，关于唯物史观的两大版本，是相辅相成、缺一不可的，由此构成了"从属"型与"创造"型相统一的辩证唯物主义与历史唯物主义整体发展观，换言之，不能仅关注1859年的《政治经济学批判》的"序言"的经典表述，还应关注《1857～1858年经济学手稿》的"导言"的经典阐述。如果偏执一端，要么是倾向于全盘否定的"左"的方法论，要么是融入全盘肯定的右的方法论。

① 《列宁选集》（第1卷），人民出版社，2012，第10页。

市场与政府，还是市场与计划?

刘　瑞*

改革开放40多年的一个重要的认识，就是把处理好政府与市场的关系作为推进中国特色社会主义市场经济体制建设的重要原则，这个起点是国家“九五”计划。因为，“九五”计划提出了两个转变，其中一个转变就是计划经济转为市场经济，解决好政府宏观调控、国企改革和市场体系建设问题。从那时开始，政府跟市场的关系成为全社会的关注点，而计划与市场的命题就此淡出了。

一　市场与计划的关系缘起

党的十九大进一步强调要使市场在资源配置中起决定性作

* 刘瑞，中国人民大学经济学院国民经济管理系主任，教授，博士生导师，兼任中国人民大学经济学院副院长、国防经济教研室主任。主要研究方向：社会经济发展战略与规划、产业结构与产业政策、社会发展与社会政策。

用，这跟党的十六大提出的市场在资源配置中起基础性作用相比更进一步。习近平总书记特别解释了为什么要强调市场的决定性作用。同时，他对政府要发挥宏观调控作用进行了系统性阐释。要达成有效市场和有为政府的结合，处理好有效市场与有为政府之间的关系成为在阐述市场与政府关系时的进一步表述。今天，为什么我们在理论上对这个命题还没有好好进行论证，或者说，它还不是一个理论？那是因为，最初在设计社会主义理论的时候，是围绕市场与计划的关系命题，即怎么处理好市场与计划的关系。这个命题在中国改革开放之前就已经存在。

关于市场与计划的关系命题差不多已经讨论一百年了。早先，在马克思和恩格斯关于社会主义经济理论的设计中，没有市场的命题。因为按照马克思和恩格斯设想的未来社会主义，商品经济是要消亡的。虽然有一个实现从资本主义经济向社会主义经济的过渡时期，但是过渡期的目标是商品经济的消亡。在商品经济消亡之后，关于市场的话题就无从谈起了。到那时的国民经济，是根据国家的社会计划调节重心来进行安排的，实质上是用计划规律、有计划按比例的发展规律取代市场价值规律。这是马克思和恩格斯的理论设想。这个设想在今天看来当然是乌托邦。然而当时他们的主要精力是批判资本主义经济，对于未来社会主义经济的建设，他们认为要克服资本主义的弊端。但是怎么克服它，用什么具体方式克服它，他们只是猜想和有一个大致的轮廓，在那些轮廓、猜想当中难免存在一些空想的东西。比如，马克思和恩格斯讲到未来的社会主义社会，人们是自由发展的，上午打猎，下午捕鱼，晚上进行哲学批判。这是早期社会主义经济的理想设计。

列宁领导的苏联社会主义革命开始从实践方面探索社会主义经济建设。这时的苏联经济体制经历了从战时共产主义政策到新经济政策，再到后来斯大林所领导和实施的计划经济政策的过程。这时候有关市场的命题争议开始出现了。因为三年的战时共产主义政策导致苏联经济面临崩溃。当然这有其特殊性，在当时那种情况下实行的经济管制，只能是取消商品交易、限制一切市场活动。其中名义货币没有被废除，而是用苏维埃纸币来替代。它相当于一张纸条，凭纸条去领取商品。但后来列宁开始推行新经济政策，新经济政策开放了部分城乡市场，允许城乡市场商品交换，这时候有关计划和市场的命题就从实践中产生了。由此也就产生了第一次关于社会主义经济的思想大论战。这场论战的主题就是计划与市场的关系，而这场论战的发起者来自外部，而不是内部。内部争议也有，但其争论不是颠覆性的和实质性的。真正的颠覆性和实质性的争论来自外部，是奥地利学派的代表人物路德维希·冯·米塞斯发表了一篇题为《社会主义国家的经济计算》的论文，并在论文中提出了社会主义不可行的命题。此外，凯恩斯考察了当时的苏联经济后认为，列宁所领导的苏联社会主义经济是宗教精神与企业运营的结合，对此他褒贬不一。① 当时，一位波兰社会主义经济学

① 〔英〕约翰·梅纳德·凯恩斯：《劝说集》，蔡受百译，商务印书馆，2016。

家兰格对争议进行了回应，认为可以解决米塞斯所提出的社会主义经济不可计算的问题，并提出了一些解决方案。事实上，1928年苏联编制“一五”计划时，也采取了模拟市场即今天被称为“影子价格”的方法来解决米塞斯提出的社会主义不可行的命题。米塞斯全面否定了社会主义，其分析对象是20世纪20~30年代的苏联社会主义，也论及了德国和欧洲的所谓的社会主义国家，包括德国搞的希特勒式的国家社会主义。米塞斯认为，社会主义的企业制度是国有制和市有制，是官僚机构，是没有效率的所有制。关于社会主义经济的计算问题，他认为，因为社会主义经济取消了价格、货币等作为交换关系的工具，所以它失去了依据市场交易形成的价值计算，只能依靠计划人员自己人为设定价格。米塞斯认为这样不能反映真实的资源配置状况，所以计划价格是无效率的，无法做到优化配置资源。兰格对此有部分的反驳意见。①

百年来的社会主义知行合一实践史证实了许多当时争论的问题。但对于有些问题的答案是在转换命题之后才找到的，是通过实践来进行纠正的。比如，社会主义计划经济转化为社会主义市场经济、单一的社会所有制转化为部分所有制。对米塞斯来讲，关于社会主义经济计算的问题仍然没有得到解决，但是中国现在实行的混合所有制，其结果比原来搞纯而又纯的公

① 〔波兰〕奥斯卡·兰格：《社会主义经济理论》，王宏昌译，中国社会科学出版社，1981。

有制的效果要好。另外，市场与计划的命题转换成政府与市场的命题，以及关于按劳分配的问题（现在中国实践将其转化成按劳分配和按要素分配相结合），都是对米塞斯否定社会主义的观点的反驳，但这些是通过百年来的社会主义经济实践史才解决了的。

我们要承认，所有的命题转化间接地证明了米塞斯质疑的合理性。米塞斯作为一位资产阶级经济学家，是非常具有价值取向的人，他的质疑有他的合理性。但米塞斯最终是错误的。因为社会主义经济不是一个静态的体系，是不断丰富、不断向前推进的。从过去的理论设计到后来的实践，是双方互动的结果。而且现实证明，社会主义经济在实践中是能够取得成功的，可以产生高于资本主义经济的生产效率。然而取得这样结果的原因是什么？这需要更合理、更科学的社会主义经济理论来解释。

二　新时代市场与政府关系的思考

今天，我们用市场与政府的关系命题取代了计划与市场关系的命题，但依然要面对计划与市场的关系命题。因为，政府与市场的关系是一种主体与客体的关系。市场是政府的治理对象或客体，政府是治理市场客体的主体，这种关系无论在何种经济制度中都是存在的，而不是社会主义所独有的。所以，在资本主义国家中有政府与市场的关系命题，在社会主义国家中同样也有这个命题。因此，这个命题对社会主义而言不是独有的。社会主义独有的命题依然是计划与市场的命题，因为这是两种经济运行逻辑，是从始至终存在于全部的商品运行之中的。两种运行逻辑本身并没有优劣之分，单纯讲计划的逻辑或者单纯讲市场的逻辑，都有它的优缺点，都有它的运行条件，它的作用的发挥要取决于运行环境、条件和客观需要，这是社会主义经济理论的特定命题。因此，我们应该主动从政府与市场的关系中摆脱出来，回到社会主义经济原来的运行逻辑轨道上来，讨论计划与市场的关系问题。

大数据、人工智能、云计算、区块链等技术的进步，能够部分地解决计划逻辑运行的条件和前提，但是还不能解决其他的条件和前提。它们还产生了新的问题，还无法替代市场、模拟市场。今天，至少在技术进步层面可以解决米塞斯所说的激励或者信息无法收集的问题了。消费者和生产者的偏好仍然是主观的和易变的，但是只要表现出来有据可查、有迹可循，就可以通过大数据分析，寻找到偏好趋势甚至是规律性。但是现在的问题已经不是能否获得数据，而是数据的获得侵犯市场主体的隐私、侵犯市场主体的各种权益。因而，社会相关机构已经开始主动限制数据的采集和披露。一旦社会放开数据就会导致数据泛滥，数据分享可以随心所欲地满足各种机构和个人的特殊偏好。所以，在经济运行过程中，经济体系已不像米塞斯时代的“黑箱”那样了，现在已经是“透明箱”了，问题是信息数据敢不敢用和怎么用。

社会主义社会是朝着克服资本主义市场运行弊端的方向而发展的，而不是产生更多市场经济运行的弊端。因此，采用计划逻辑而非市场逻辑推进社会主义经济的运行，应该是社会主义经济最终的归属。当然这必定是一个漫长的过程。这样一来，是不是会出现计划经济旧体制的复归？可以肯定地说：计划经济旧体制无法复归。因为计划经济旧体制已经死亡，新型的市场经济体制下的国家规划管理已经出现，所以当前依然需要按照市场与计划的逻辑命题来完善社会主义现代国家治理体系建设。

中国特色社会主义政治经济学的逻辑进路及其二重性

张兴祥*

2015年12月，中央经济工作会议提出，“要坚持中国特色社会主义政治经济学的重大原则”，这是“中国特色社会主义政治经济学”首次出现在中央工作会议上，它的提出具有鲜明的时代意义和深远的理论意义。中国特色社会主义政治经济学立足于中国改革发展的成功实践，是研究和揭示现代社会主义经济发展和运行规律的科学，是在长期的经济发展实践中初步形成的科学完整的理论体系。

---

* 张兴祥，经济学博士，厦门大学经济学院教授。主要研究方向：政治经济学、制度经济学、劳动经济学。

一　马克思、恩格斯对未来社会形制的构想

马克思、恩格斯的一个重要理论贡献是对未来的社会形制提出了构想，就是用来取代资本主义的共产主义——恩格斯称其为科学社会主义。通俗化的比喻就是，马克思、恩格斯打造了一辆共产主义的“概念车”，其中的三个核心部件组成了传统社会主义的“三驾马车”。具体来说，就是以生产资料公有制替代生产资料私有制、以计划经济（产品经济）替代市场经济、以按劳分配替代按要素分配（剩余索取）。马克思、恩格斯认为，恰恰是生产资料私有制与市场经济的结合，才加深了资本对劳动的剥削，这涉及收入分配的问题，也就是资本对劳动的剥削问题。西方经济学称之为按要素分配，其实质就是按资分配或剩余索取权的问题。马克思构想的未来理想社会，就是以按劳分配替代按要素分配。

（一）传统社会主义之苏联模式

苏联是第一个建立社会主义的国家，它是按照前面所说的“概念车”的样子来打造现实的社会主义版本，公众熟知的苏联模式，由公有制、计划经济、按劳分配三个核心零部件构成。

需要指出的是，从理论到实践层面，苏联模式与马克思、恩格斯设想的社会形制，存在实质性的区别。第一，公有制。马克思、恩格斯设想未来社会实行的公有制，其基本前提是社

会生产力高度发展（社会化的大生产）且实行全民所有制、社会所有制、个人所有制，这三个概念本质上是一样的，每个人都拥有平等的产权且不具有排他性。列宁实施的新经济政策，实际上是国家资本主义，不是马克思、恩格斯原意的公有制。苏联和东欧社会主义国家实行的都是国家所有制，也不同于马克思、恩格斯原意的公有制。所以，就制度设计而言，虽然使用的是同一个“公有制”概念，但其实质存在很大的差别。第二，计划经济。计划经济实行的基本前提是阶级、国家均已消亡，取而代之的是“自由人的联合体”，并且需要“万能”的计划者。也就是说，“自由人的联合体”和“万能”的计划者是实行计划经济的必要条件，苏联模式显然并不具备这样的条件。苏联实施的计划经济是高度集权的指令性经济，因为国家和政党依然存在，与马克思、恩格斯经典著作中所描述的计划经济炯然有别。第三，按劳分配。马克思、恩格斯的设想是复杂劳动可还原为倍加的简单劳动，标准化后的劳动量可以用劳动时间来衡量，这里的前提条件仍然是人的自由全面发展。不过，在苏联模式下，不通过市场机制和商品货币关系，复杂劳动是无法转化为倍加的简单劳动的，并且最为关键的是，技术上不具有可操作性。苏联实行的按劳分配实际上是配给制或按人分配。虽然苏联理论界对“劳”进行了理论上的探讨，比如前期结合劳动的数量和质量进行分析，后期则结合劳动成本进行分析。但总的来说，这些探讨基本上都停留在理论层面，真正实行的收入分配模式与平均主义相去不远，所谓按劳分配有名无实。

（二）传统社会主义之中国计划经济模式

中国计划经济时代，一开始是仿效苏联模式的，但不是完全照搬照抄，而是略有差别。第一，苏联模式实行单一的公有制，只有国家所有制一种形式，而中国计划经济模式的公有制包括国家所有制和集体所有制两种形式。这个制度差别，使得苏联最终只能采取激进式的“休克疗法”，没有办法做增量改革。因为它是单一的公有制、铁板一块，所以只能推倒重建。而中国的公有制包容性强，为中国改革提供了“缓冲地带”，使渐进式的增量改革成为可能。改革开放后，我国乡镇企业的蓬勃发展便是极好的例证。第二，苏联模式实行的是高度集权的指令性经济，而中国计划经济模式实行的是高度集权、适度分权的指令性经济。相比苏联模式，中国计划经济模式一开始就不是一成不变的，有时实行条条管理，有时实行块块管理，中央决策层也在不断尝试突破苏联模式。第三，苏联模式的配给制是平均主义和特权主义，中国计划经济模式的配给制是平均主义和吃“大锅饭”。就平均主义而言，二者大同小异。而苏联的特权主义走向了另一个极端。

总的来看，传统计划经济模式失败的原因有以下三个方面。第一，传统计划经济模式，不论是从社会生产力发展水平来看，还是从构成社会主义形制的“三驾马车”来看，都与马克思、恩格斯的设想大相径庭，是一种“异化”形态，注定难以持久。第二，传统计划经济模式不具备实行单一公有制的生产力条件，不具备实行计划经济的经济基础、组织条件、人的条件（“自由人的联合体”），尤其是技术条件，按劳分配原则也无法真正得到实施，仅仅建造了一个社会主义的“外壳”而已，其“核心部件”名同实异，这是传统计划经济模式失败的主要原因。第三，实践的失败并不代表理论的失败，因为不具备理论要求的条件（“硬件”“软件”两方面均不具备），实践上教条式地套用经典理论，其实已背离了马克思主义。

二 中国特色社会主义的逻辑起点

中国特色社会主义的逻辑起点，就是“社会主义 + 市场经济”的双内核，它体现了一种二元结构或者说二重性。双核如何驱动，如何有机结合，这是中国特色社会主义要解决的时代命题。马克思、恩格斯经典著作里没有提及社会主义与市场经济相结合的方法，所以我们需要进行理论创新、实践创新。我们既要坚持社会主义，又要发展社会主义。坚持社会主义，但不走老路，也就是不回到原来的传统计划经济模式上去；发展市场经济，但不走改旗易帜的邪路，就是不走资本主义道路。要把社会主义制度的优越性同市场经济配置资源的有效性有机结合起来，这是中国特色社会主义的历史使命，也是它的逻辑起点。

其一，中国特色社会主义的大逻辑：社会主义 + 市场经济。

社会主义与市场经济的结合，是中国特色社会主义质的规定性，是中国特色社会主义的大逻辑，也是中国特色社会主义政治经济学的大逻辑。用太极之“两仪”来比喻：一“仪”是社会主义；另一“仪”是市场经济，一切理论和实践都要围绕这“两仪”进行探索。“两仪”犹如“鸟之两翼，车之双轮”缺一不可，中国特色社会主义的大逻辑就需要在这“两仪”结合的框架里运行。二元结构决定了中国特色社会主义所有制的两重性、运行方式的两重性和分配方式的两重性。

其二，邓小平关于社会主义本质的定义，确定了两个重要导向：一是生产力导向；二是价值导向。发展市场经济，就是解放生产力，发展生产力，这是生产力导向。坚持社会主义，就是消灭剥削，消除两极分化，最终达到共同富裕，这是价值导向。两个导向缺一不可，因此在改革目标取向上，效率与公平哪一个优先或者二者并重，都不能完全偏离生产力导向或价值导向，这个二重性是非常突出的。

其三，在有关生产力和生产关系的研究对象上，逻辑演进也是在两者之间取得平衡。“三个代表”重要思想，其中，代表中国先进生产力的发展要求，属于生产力导向；代表中国最广大人民的根本利益、代表中国先进文化的前进方向，属于价值导向。科学发展观，第一要义是发展，核心是以人为本，基本要求是全面协调可持续，根本方法是统筹兼顾。其中发展、全面协调可持续发展与生产力导向有关，而以人为本、统筹兼顾则与价值导向有关。习近平的经济思想，从新发展理念来看，创新、协调和开放与生产力导向有关，绿色和共享则与价值导向有关，其他的如供给侧改革、高质量发展、“双循环”新发展格局，其落脚点都在生产力上，而以人民为中心、精准扶贫、乡村振兴，其落脚点都在坚持社会主义的价值导向上。

其四，对非公有制经济作用的认知变化，实际上就是对生产力导向的进一步深化，从调节作用、基础作用到决定性作用，其背后就是生产力导向在起作用。

其五，政府作用的逻辑演进，从全能型到管制型再到服务型，政府的职能定位是随着中国特色社会主义实践不断发展变化的。政府与市场的关系，同样是一个动态演进的过程。所以说，中国特色社会主义政治经济学绝不是静态的，而必须与时俱进，在解决现实经济问题上不断推进理论创新。

其六，中国特色社会主义政治经济学逻辑演进的“主轴线”：基于问题导向的视角。改革开放以来，在探索建设中国特色社会主义的实践过程中，中国共产党形成了具有鲜明问题导向的理论创新，包括什么是社会主义、怎样建设社会主义；建设什么样的党、怎样建设党；实现什么样的发展、怎样发展、为谁发展；什么是改革、进行什么样的改革、怎样改革。简言之，就是3“W”1“H”（why、what、who、how）。这四个方向性问题成为贯穿整个中国特色社会主义政治经济学逻辑演进的主轴线，构成中国特色社会主义政治经济学理论体系的核心内容。

三 元问题

从传统社会主义到中国特色社会主义，三个核心部件都涉及元问题。所有制问题还没有得到解决。“两个毫不动摇”无疑是现阶段甚至今后相当长一段时期内必须坚持的原则，任何时候都不能偏废。可以预见，国有资本与非国有资本不是谁取代谁的问题，而是优势互补、相辅相成，最理想的结果是二者殊途同归、耦合为一。政府与市场的关系问题，是中国特色社会主义政治经济学的核心问题，这方面要有原创性的成果，才能为中国道路、中国模式奠定坚实的理论基础。对于按劳分配、按收入分配问题，当前关于按劳分配方面的研究最为薄弱，基本上停滞不前，还没有回答技术转化及其他相关问题。当前社会收入差距拉大，与邓小平所说的社会主义本质特征存在背离的地方。那么，这到底是短期现象还是长期趋势？如果是由市场机制导致的，就要从市场机制入手寻找其根源。如果是其他原因引起的，就不能把这个罪名加在市场头上。收入分配问题如果不能通过市场机制解决，是否还有其他的替代方案，或者其他的政策工具来解决？这便是原创性成果得以产生的现实命题。

基于“中国资本积累的社会结构理论”的中国特色社会主义政治经济学体系创新研究

马　艳*

在系统梳理和概括总结建党百年来经济思想与实践的基础上，应进一步探讨如何对中国特色社会主义政治经济学理论体系进行创新。然而，对于构建中国特色社会主义政治经济学理论体系的诸多核心议题，如逻辑起点、逻辑主线等，目前理论界仍存在较大争论。为此，亟须构建一个更加完善的分析框架来深化对这一问题的理论探讨。

* 马艳，上海财经大学经济学院政治经济学系主任，教授，博士生导师。主要研究方向：马克思主义政治经济学中国化、数理化、国际化、现代化。

一　中国资本积累的社会结构（CSSA）理论

中国资本积累的社会结构（CSSA）理论源于国外马克思主义学派——资本积累的社会结构（SSA）理论。从 1980 年大卫·戈登开始到现在的大卫·科兹，历代学者均对该理论的发展做了诸多贡献。当前 SSA 理论研究人员大部分是中国学者，国内学者的研究主要集中在两个方面：一是 SSA 中国化的探讨，即用 SSA 理论研究中国问题；二是构建中国的 SSA 理论，即实现理论体系的创新。自 2013 年，我的研究团队便与大卫·科兹一同合作研究中国的 SSA 理论，并将其命名为中国资本积累的社会结构（CSSA）理论；2016 年，团队进一步尝试将 CSSA 理论引入中国特色社会主义政治经济学理论体系创新研究之中；2021 年，团队再次拓展了新的议题——中国农村的 CSSA 研究，即计划用 CSSA 理论框架来分析中国农村经济问题。

关于 CSSA 的理论创新研究，主要分为四个部分：第一，重新界定中国资本积累的社会结构理论的内涵；第二，将 CSSA 划分为三个阶段，分别为 1949 ~ 1978 年的计划 CSSA、1978 ~ 2012 年的转型 CSSA 以及 2012 年以来的新时代 CSSA；第三，将传统的 SSA 五大分析框架拓展为六大分析框架，增加了生态关系分析这一新的维度；第四，重新探索 CSSA 的动力系统，即提出原动力是生产力，核心动力是生产力与生产关系的矛盾运动，直接动力是政府的推动作用——这也是对 SSA 理论的创新和发展。

在上述系统创新的基础上，亟待进一步思考的问题便是：该理论分析框架是否可以用来解决或者分析中国特色社会主义政治经济学的理论体系创新问题？对于这个问题的回答，核心判断标准在于，厘清这一分析框架是否具备以下三大特质：第一，必须是对经典马克思主义理论的继承；第二，必须在经典马克思主义理论基础上进行充分的创新和发展；第三，必须具有中国特色，能够阐释中国的特殊经济实践。显然，CSSA 理论符合这三个基本特质，这为基于 CSSA 理论构建中国特色社会主义政治经济学理论体系提供了可能性。

二 CSSA 与中国特色社会主义政治经济学的内在逻辑关系

研究表明，CSSA 理论可以应用于中国特色社会主义政治经济学理论体系研究中。第一，二者在方法论上具有较强一致性，即坚持唯物史观；第二，二者在逻辑线索上具有高度的契合性，CSSA 理论延续了 SSA 理论对利益关系的关注，且相比 SSA 理论聚焦资本主义特殊的利益关系，CSSA 理论的核心逻辑线索是中国特殊的利益关系，而这也是刻画中国经济改革实践规律的关键线索。基于此，CSSA 完全可以成为分析中国特色社会主义政治经济学的有效框架。更进一步的，CSSA 理论的逻辑起点是中国特殊的利益关系，逻辑主线是中国特殊利益关系的动态演变——这一点既与马克思经典理论统一、与 SSA 的基本逻辑统一，又与我们的创新点即中国特色社会主义政治经济学的需求统一。

资本关系、劳资关系、政府角色、意识形态、开放关系、生态关系这六大利益关系是 CSSA 理论的核心分析框架，其基本上已涵盖中国特色社会主义经济实践中涉及的所有问题，有比较强的包容性和开放性。这六大利益关系的分析框架，既符合经典马克思主义逻辑，又具有时代化的拓展和中国化的创新，能够揭示中国经济特殊的发展规律，与之具有高度一致性、契合性和适应性。在分析过程中，可将六大利益关系构成一个逻辑分析框架，将这六大利益关系看作六个维度、六个理论延伸的线索，然后从这六个维度去分析中国经济发展中面临的现实问题。例如：用六大利益关系分析中国在社会主义初级阶段所面临的问题；从这六大维度分析中国现实过程中的生产、分配、交换、消费等方面的一系列问题；用这六大利益关系剖析社会主义基本经济制度的相关问题，包括其演变、发展、现实特征、未来走向等。这六大利益关系既有其自身发展规律，又有中国特殊的发展变化规律。如此一来，所有的问题都会在六大利益关系的分析框架中不断得到扩展，同时又扎根在这个框架之内。

此外，经过多年研究，我们认为，CSSA 实质是一个制度框架。CSSA 的分期具有阶段性，即探索期、巩固期和衰退期。制度框架的形成、发展和变迁，都要适应生产力的进步。当生产力需要制度结构发生变化时，便会逐步推动形成一个适应生产力发展的制度框架，尤其在巩固期会显著推动生产力的发展。但随着生产力再往前发展，这个制度框架可能就不能与之相适应，继而进入衰退期，这就要求形成一个新的 CSSA，如计划 CSSA 到转型 CSSA 再到新时代 CSSA 的演变。中国特色社会主义政治经济学理论体系，需要的便是制度框架，需要探讨中国经济改革实践过程中的特殊运动规律，据此，我们可以用 CSSA 这一制度框架来解释中国经济发展的路径。

综上所言，CSSA 理论既有严密的逻辑性，又有较强的现实性，同时具有开放性和包容性，还有极强的未来性，为此能够为中国特色社会主义政治经济学理论研究提供较为完善的逻辑线索和分析框架。在这个框架下，我们可以进一步研究中国政府的作用、中国的“三农”问题等。

如何“不断开拓当代中国马克思主义政治经济学新境界”？

李正图*

当代中国马克思主义政治经济学也就是中国特色社会主义政治经济学。习近平总书记早在2015年就要求我们“不断开拓当代中国马克思主义政治经济学新境界”，那么如何去不断开拓呢？实际上是回答自2015年以来已经开拓的当代中国马克思主义政治经济学新境界和展望未来全面建设社会主义现代化国家新征程中，如何继续开拓当代中国马克思主义政治经济学新境界这两个问题。

首先，要明确两个理论依据。第一个理论依据是2015年11

* 李正图，政治经济学博士，上海社会科学院经济研究所研究员，博士生导师，《上海经济研究》常务副主编、编辑部主任，中国政治经济学学会副会长。主要研究方向：中国特色社会主义政治经济学、基本经济制度理论、所有制理论。

月23日习近平总书记在中央政治局第二十八次集体学习上的讲话，这次讲话后来以《不断开拓当代中国马克思主义政治经济学新境界》（简称“11·23讲话”）为题在2020年第16期《求是》杂志上公开发表。我们把“11·23讲话”看作“不断开拓当代中国马克思主义政治经济学新境界”的第一个理论依据。“不断开拓当代中国马克思主义政治经济学新境界”的第二个理论依据是2020年8月24日习近平总书记在经济社会领域专家座谈会上的讲话（简称“8·24讲话”）。根据这两次“讲话”精神，本文主要讨论三个问题。第一个问题是如何正确看待“当代中国马克思主义政治经济学”这一学科。习近平总书记提出8个观点。我认为，坚持这8个观点，我们在研究当代中国马克思主义政治经济学的时候，就可以避免走弯路、避免犯错误。第二个问题是当代中国马克思主义政治经济学已经开拓了哪些新境界？既然新境界已经开拓了，就无须再在这里开拓，但需要我们在这里继续深化研究。第三个问题是在已经开拓了的新境界基础上，展望未来，我们还需要开拓哪些新境界？

第一个问题，学习研究当代中国马克思主义政治经济学需要坚持8个观点。

依据习近平总书记的“11·23讲话”，学习研究当代中国马克思主义政治经济学需要坚持的8个观点是：当代中国马克思主义政治经济学是当代中国经济学者的必修课；当代中国马克思主义政治经济学是当代中国经济学的根本；当代中国马克思主义政治经济学没有过时而且是正当其时；中国共产党百年以来一直坚持当代中国马克思主义政治经济学；当代中国马克思主义政治经济学是有价值的，如果没有价值，我们也就不要去坚持，不要去开拓；当代中国马克思主义政治经济学不是静态的，是动态的，是不断发展的，因此说当代中国马克思主义政治经济学需要不断开拓新境界；当代中国马克思主义政治经济学要借鉴西方经济学的有效成分，但是不能照抄照搬；要大讲特讲当代中国马克思主义政治经济学，而且要防止当代中国马克思主义政治经济学被边缘化。上述 8 个论点分别回答了以下几个方面的问题。

一是有利于明确当代中国马克思主义政治经济学在中国经济学中的重要地位。习近平总书记指出："马克思主义政治经济学是马克思主义的重要组成部分，也是我们坚持和发展马克思主义的必修课。"① 所谓"必修课"，其本义、原义，是指学校课程设置的类别，是与选修课相对应的。前者，没有选择；后者，可选可不选。这里的"必修课"，相比于其本义，更加深刻、更加广泛，是指全体中国共产党人的"必修课"，是指全体经济学人的"必修课"，是指全体中国特色社会主义建设者的"必修课"。作为"必修课"，这就表明，不仅从事中国经济学研究的学者要学，而且全体中国共产党人和中国人民都要学。因此，马克思主义政治经济学，既是中国经济学家的研究领域，也是中国共产党领导中国特色社会主义经济建设的

① 《十八大以来重要文献选编》（下），中央文献出版社，2018，第 1 页。

理论基础。相比之下，马克思主义政治经济学领域之外的各种经济学说、经济学流派，只能是经济学研究领域的参考和借鉴，根本不能作为中国特色社会主义经济建设的理论基础。

二是有利于明确当代中国政治经济学的“根本”是什么。习近平总书记指出：“现在，各种经济学理论五花八门，但我们政治经济学的根本只能是马克思主义政治经济学，而不能是别的什么经济理论。”[①] 任何时代、任何国度的政治经济学，都是丰富多彩的。这些丰富多彩的政治经济学背后都体现着“根本”并且受到“根本”的制约。资产阶级政治经济学的“根本”是为资本主义发展服务的。当代中国政治经济学也是如此，但区别于其他时代、其他国度的政治经济学的是，“我们政治经济学的根本只能是马克思主义政治经济学，而不能是别的什么经济理论。”“别的什么经济理论”可以供我们参考、借鉴，但不能作为根本，这是由当代中国马克思主义政治经济学是当代中国政治经济学的“根本”这一原理决定的。

三是有利于明确马克思主义政治经济学没有过时。习近平总书记指出：“有些人认为，马克思主义政治经济学过时了，《资本论》过时了。这个论断是武断的，也是错误的。”[②] 任何理论都存在适时、过时的情况，判断的标准是这一理论是否与那个时代的实践存在辩证统一关系。判断马克思主义政治经济

① 《十八大以来重要文献选编》（下），中央文献出版社，2018，第 2 页。
② 习近平：《论坚持全面深化改革》，中央文献出版社，2018，第 185 页。

学是否过时，也必须依据这一标准。从中国共产党百年奋斗历史实践来看，马克思主义始终保持着与中国革命、建设和改革相结合的与时俱进，也就是始终实现了马克思主义中国化、时代化，因此，马克思主义没有过时。作为马克思主义有机组成部分的政治经济学同样没有过时。秉持“马克思主义政治经济学过时了”“《资本论》过时了”论调的人们，其本义是要抛弃马克思主义政治经济学，引入非马克思主义政治经济学，实质上是反对马克思主义中国化、时代化，主张用西方经济学替代马克思主义政治经济学，引导中国经济学走向西化。因此，主张“过时论”就是为“替代论”制造舆论氛围，而明确马克思主义政治经济学没有过时，就是确立马克思主义政治经济学是中国经济学“根本”的重要前提。

四是有利于继续发扬中国共产党对待马克思主义政治经济学的优良传统。习近平总书记指出：“我们党历来重视对马克思主义政治经济学的学习、研究、运用。”① 中国共产党的百年奋斗史，实现了马克思主义中国化的“三次飞跃”。“三次飞跃”的过程就是对马克思主义的学习、研究、运用和创新的过程，形成了中国共产党始终把马克思主义作为指导思想的优良传统。马克思主义政治经济学是中国共产党百年奋斗取得巨大成就的理论基础之一。

五是有利于明确马克思主义政治经济学的功能。习近平总

① 习近平：《论坚持全面深化改革》，中央文献出版社，2018，第185页。

书记指出：“学习马克思主义政治经济学基本原理和方法论，有利于我们掌握科学的经济分析方法，认识经济运动过程，把握社会经济发展规律，提高驾驭社会主义市场经济能力，更好回答我国经济发展的理论和实践问题。”① 为什么说马克思主义政治经济学是中国共产党人的“必修课”、是中国经济学的“根本”、对中国革命和建设以及改革实践来说没有“过时”、是中国共产党百年奋斗的“优良传统”？因为其功能强大。马克思主义政治经济学的强大功能表现为：掌握科学的经济分析方法，正确地分析经济发展规律及其演进趋势；基于对社会经济发展规律的正确认识，提高驾驭社会主义市场经济的能力；基于对经济发展客观规律的正确分析、深刻把握，科学回答了我国经济发展中出现的理论和实践问题。

六是我们要学习、坚持和发展当代中国马克思主义政治经济学的基本原理和方法论，那就是，结合中国的实际去不断地推进新的理论创新。习近平总书记指出：“学习马克思主义政治经济学，是为了更好指导我国经济发展实践，既要坚持其基本原理和方法论，更要同我国经济发展实际相结合，不断形成新的理论成果。”② 学习马克思主义政治经济学，不是墨守成规、死守教条；学习马克思主义政治经济学具有目的性，即更好地指导我国经济发展实践。因此，学习马克思主义政治经济

① 《十八大以来重要文献选编》（下），中央文献出版社，2018，第3页。
② 《十八大以来重要文献选编》（下），中央文献出版社，2018，第3页。

学，是要学习马克思主义政治经济学的基本原理和方法论，再运用这些基本原理和方法论来分析我国经济发展情况及其中的客观规律，实现马克思主义政治经济学与中国经济发展实际的结合，一方面指导中国经济发展实践迈向正确的方向和轨道；另一方面在马克思主义政治经济学既有理论基础上形成新的理论成果。

七是借鉴西方经济学，习近平总书记提出了两个“去”和两个“为”。习近平总书记指出：“对国外特别是西方经济学，我们要坚持去粗取精、去伪存真，坚持以我为主、为我所用，对其中反映资本主义制度属性、价值观念的内容，对其中具有西方意识形态色彩的内容，不能照抄照搬。……经济学虽然是研究经济问题，但不可能脱离社会政治，纯而又纯。”[①] 两个“去”，是指“去粗取精、去伪存真”，这是科学的研究方法。但是两个“为”，即“以我为主、为我所用”更为重要，是我们正确对待西方经济学的价值取向。我们过去对待西方经济学的态度，往往是无原则的拿来主义，既没有坚持两个“去”，也没有落实两个“为”。今天，我们坚持两个“为”，这是当代中国马克思主义政治经济学研究必须要坚持、坚守的非常重要的原则。

八是要大讲特讲当代中国马克思主义政治经济学。“大讲特讲”是2015年习近平总书记倡导的，习近平总书记指出：“在我

---

① 《十八大以来重要文献选编》（下），中央文献出版社，2018，第6页。

们的经济学教学中，不能食洋不化，还是要讲马克思主义政治经济学，当代中国社会主义政治经济学要大讲特讲，不能被边缘化。”[①] 但实际上，我们政治经济学界只是最近两年才大讲特讲当代中国马克思主义政治经济学。在“大讲特讲”中，要防止当代中国马克思主义政治经济学被边缘化，这件事到目前为止我们已经做得很好了，我今年就多次参加了关于中国特色社会主义政治经济学的研讨会，这说明中国特色社会主义政治经济学、当代中国马克思主义政治经济学已经回到我国经济学界的研究中心上来了。

第二个问题，当代中国马克思主义政治经济学已经开拓了哪些新境界？

在2015年的时候，习近平总书记讲了9个新境界，都值得我们去研究。我把这9个新境界的内容概括如下：本质论（社会主义本质）、基本制度论（社会主义初级阶段基本经济制度）、发展理念论（创新、协调、绿色、开放、共享）、市场与政府关系论（发展社会主义市场经济、使市场在资源配置中起决定性作用和更好发挥政府作用）、发展阶段论（我国经济发展进入新常态）、协调发展论（推动新型工业化、信息化、城镇化、农业现代化相互协调）、承包地三权论（农民承包的土地具有所有权、承包权、经营权属性）、国内国际关系论（用好国内国际两个市场、两种资源）、共同富裕论（促进社会公

① 《十八大以来重要文献选编》（下），中央文献出版社，2018，第6页。

平正义、逐步实现全体人民共同富裕)。

上述9个方面，都应当是当代中国马克思主义政治经济学要做出科学回答的问题。

第一，本质论。邓小平指出，社会主义的本质是“解放生产力，发展生产力，消灭剥削，消除两极分化，最终达到共同富裕”[①]。习近平总书记指出：“中国特色社会主义最本质的特征是中国共产党领导。”[②] 邓小平和习近平从不同的层面对社会主义的本质进行阐述，二者并不矛盾，是可以并存的并且可以融合为社会主义本质论的理论体系的主干内容。第二，基本制度论。基本制度不仅有基本经济制度，还有基本政治制度、基本社会制度甚至有基本生态制度。我们今天所研究的最成熟的是基本经济制度，而其他基本制度还需要继续深化研究。另外，基本制度与根本制度、重要制度之间是什么关系，基本政治制度、基本社会制度、基本生态制度包含哪些内容，这些还需要深化研究。第三，发展理念论，即党的十八届五中全会提出的“创新、协调、绿色、开放、共享”五大发展理念。我们不仅要对每一个发展理念进行专精研究，而且还要对五大发展理念之间的协同展开研究，更要对新发展阶段、新发展理念和新发展格局展开系统研究。第四，市场与政府关系论。如何构建有效市场与有为政府，如何实现有效市场与有为政府的有机结合，

---

① 《邓小平文选》(第3卷)，人民出版社，1993，第373页。

② 习近平：《中国共产党领导是中国特色社会主义最本质的特征》，《求是》2020年第14期。

都是需要当代马克思主义政治经济学进行深入研究的问题。第五，发展阶段论。我国经济发展进入新常态，是以习近平同志为核心的党中央准确把握我国基本国情做出的重大战略判断。如今，新发展阶段、新发展理念、新发展格局，已经统一在新时代全面建设社会主义现代化国家新征程中，这就为当代马克思主义政治经济学研究拓展了空间。第六，协调发展论，也就是“新四化”协调发展。党的十八大报告提出：“坚持走中国特色新型工业化、信息化、城镇化、农业现代化道路，推动信息化和工业化深度融合、工业化和城镇化良性互动、城镇化和农业现代化相互协调，促进工业化、信息化、城镇化、农业现代化同步发展。”[①] 第七，承包地三权论，即农村的土地问题。1957 年农业合作化运动之后，我国建立了农村集体所有权，1979 年家庭联产承包责任制改革明确了农民的承包权，2009 年土地流转改革明确了承包地的土地流转权。[②] 第八，国内国际关系论。其主要是指两个问题，即两个市场、两种资源。党的十九届五中全会提出，要加快构建以国内大循环为主体、国内国际双循环相互促进的新发展格局。第九，共同富裕论。中央明确浙江省成为共同富裕示范区，开启了新时代全面建设社会主义现代化国家新征程中的共同富裕伟大实践。以上就是对 9 个新境界的阐释。虽然是新境界，但其仍然是发展的，需

① 《十八大以来重要文献选编》（上），中央文献出版社，2014，第 16 页。

② 李正图、徐子健：《中国共产党农村土地制度思想百年变迁》，《福建论坛》（人文社会科学版）2021 年第 11 期，第 5～23 页。

要不断去开拓。

2020年8月24日，习近平总书记的“8·24讲话”又对“11·23讲话”进行了丰富和发展。我把习近平总书记的“8·24讲话”所概括的新境界内容整理如下：本质论（社会主义本质）、基本制度论（社会主义初级阶段基本经济制度）、发展理念论（创新、协调、绿色、开放、共享）、市场与政府关系论（发展社会主义市场经济、使市场在资源配置中起决定性作用和更好发挥政府作用）、发展阶段论（我国经济发展进入新常态、深化供给侧结构性改革、推动经济高质量发展）、协调发展论（推动新型工业化、信息化、城镇化、农业现代化同步发展和区域协调发展）、承包地三权论（农民承包的土地具有所有权、承包权、经营权属性）、国内国际关系论（用好国内国际两个市场、两种资源）、新发展格局理论（加快形成以国内大循环为主体、国内国际双循环相互促进的新发展格局）、共同富裕论（促进社会公平正义、逐步实现全体人民共同富裕）、发展与安全理论（统筹发展和安全）。

在“11·23讲话”的基础上，习近平总书记在“8·24讲话”中进一步强调要“开拓当代中国马克思主义政治经济学新境界”。其中主要包括发展阶段论。在“11·23讲话”中，他指出“我国经济发展进入新常态”，此次讲话中又增加了“供给侧结构性改革”“高质量发展”的内容；协调发展论，除了“新四化”外，又增加了“区域协调发展”理论；新发展格局理论，这是此次讲话新增的内容，即国内国际市场的双循环；

新增的“发展与安全理论”也特别重要，把安全写进来了，在谋求发展的同时要注意安全。安全问题包括很多方面，大概有十几种，但是在这里我特别强调的是国家主权的安全问题。

第三个问题，未来我们如何继续不断开拓当代中国马克思主义政治经济学？

我们可以看到目前已经有了这样几种开拓。

1. 基本经济制度：所有制、运行制和分配制（党的十九届四中全会）。

2. “三新”合一：新发展阶段、新发展理念与新发展格局理论（党的十九届五中全会）。

3. 中国特色反贫困理论（习近平在全国脱贫攻坚总结表彰大会上的讲话）。

基本经济制度的开拓是在党的十九届四中全会上做出的，把所有制、运行制、分配制都作为基本经济制度，这是第一次开拓。第二次开拓是在党的十九届五中全会上做出的，把三个“新”（新发展阶段、新发展理念、新发展格局）放在一起。第三次开拓是 2021 年 2 月 26 日习近平总书记在全国脱贫攻坚总结表彰大会上的讲话，中国特色反贫困理论第一次被提出。

还要开拓哪些理论呢？

1. 全面建设社会主义现代化国家新征程中的理论拓展：中国特色社会主义现代化国家理论。

2. 全面乡村振兴中的理论拓展：中国特色乡村振兴理论。

3. 共同富裕中的理论拓展：中国特色共同富裕理论。

4. 构建新型举国体制过程中的理论拓展：中国特色新型举国体制理论。

5. 国家治理体系和治理能力现代化过程中的理论拓展：中国特色国家治理理论。

我认为包括以下几点。第一，2021 年是全面建设社会主义现代化国家新征程的第一年，与之相应的应当是中国特色社会主义现代化国家理论，即全面建设中国特色社会主义现代化国家新征程理论。第二，在全面建设社会主义现代化国家的过程中，既然与中国脱贫攻坚对应的有中国特色反贫困理论，那么，与乡村振兴对应的就应当有中国特色乡村振兴理论。第三，2020 年底我们解决了贫困问题、小康问题，即全面脱贫和全面建成小康社会，在此基础上，我们要走向共同富裕，所以与之相应的应当有中国特色共同富裕理论。第四，新冠肺炎疫情期间，我们切身感受到了举国体制在我们国家的重要性，党的十九届四中、五中全会都重申了新型举国体制，所以我们大胆地提出来：中国特色新型举国体制理论的产生是有必要的。第五，党的十九届四中全会通过了《中共中央关于坚持和完善中国特色社会主义制度、推进国家治理体系和治理能力现代化若干重大问题的决定》，所以应当形成与之相关的中国特色国家治理理论。

接下来，我们还要探讨“如何进一步开拓当代中国马克思主义政治经济学新境界”。

1. 理论来源于实践：“我国经济发展进程波澜壮阔、成就举世瞩目，蕴藏着理论创造的巨大动力、活力、潜力。”

2. 理论总是基于实践的持续创新过程：“时代课题是理论创新的驱动力。……马克思、恩格斯、列宁等都是通过思考和回答时代课题来推进理论创新的。”

3. 理论要直面实践中出现的新现象、新问题，不断开拓新境界：“当前，世界经济和我国经济都面临许多新的重大课题，需要作出科学的理论回答……我们要立足我国国情和我们的发展实践，深入研究世界经济和我国经济面临的新情况新问题，揭示新特点新规律，提炼和总结我国经济发展实践的规律性成果，把实践经验上升为系统化的经济学说，不断开拓当代中国马克思主义政治经济学新境界，为马克思主义政治经济学创新发展贡献中国智慧。”①

4. 各个时代的经济社会实践是理论和政策研究的“富矿”：“新时代改革开放和社会主义现代化建设的丰富实践是理论和政策研究的‘富矿’，我国经济社会领域理论工作者大有可为。”

我认为，遵循习近平总书记讲话的指引，要贯彻以下四个原则：一是坚持理论来源于实践；二是坚持理论总是基于实践的持续创新过程；三是理论要直面实践中出现的新现象、新问题，不断开拓新境界；四是各个时代的经济社会实践是理论和政策研究的“富矿”。

① 习近平：《论坚持全面深化改革》，中央文献出版社，2018，第191页。

中国经济发展重要成就与经济学概念范畴的若干问题

周　文*

历史是最好的教科书，经验是最宝贵的财富。历史是过去的事实，承载着丰富且连贯的经验和教训。中国共产党自 1921 年成立以来，之所以能够率领全国各族人民救亡图存，使得一个积贫积弱的旧中国从废墟中走出来，最终扭转国运的颓废，从站起来到富起来再到强起来，其中一个非常重要的方法就是始终重视科学总结历史经验。党的十九届六中全会将“坚持理论创新”总结为宝贵的历史经验之一，深刻揭示了“过去我们为什么能够成功”“未来我们怎样才能继续成功”，这是我们党不断从胜利走向新的胜利的“成功密码”。正是因为坚持理论

---

* 周文，教育部长江学者特聘教授，复旦大学特聘教授，厦门大学讲座教授，复旦大学马克思主义研究院副院长，马克思主义经济学中国化研究中心主任，博士生导师。主要研究方向：中国特色社会主义政治经济学。

创新，党和人民经过百年奋斗，书写了中华民族几千年历史上最恢宏的史诗，创造了一个又一个人间奇迹。

今天我们站在“两个一百年”奋斗目标的历史交汇点上，更要立足中国实践，全面提炼中国经济发展经验，努力揭示中国经济发展伟大成就背后所蕴含的系统化经济学说，更加彰显中国经济发展成就涌现出的具有标识性的经济学概念和范畴。正如习近平总书记给山东大学《文史哲》编辑部全体编辑人员的回信中所强调的：“增强做中国人的骨气和底气，让世界更好认识中国、了解中国，需要深入理解中华文明，从历史和现实、理论和实践相结合的角度深入阐释如何更好坚持中国道路、弘扬中国精神、凝聚中国力量。”[①] 因此，深入总结中国共产党百年历史经验及其经济理论创新成果，对进一步推动经济理论创新和哲学社会科学发展具有十分重要的理论和现实意义。

一　新中国成立70多年的经济发展重要成就与马克思主义政治经济学中国化

新中国成立70多年来，我国的生产力和综合国力实现了历史性的大跨越，国内生产总值（GDP）保持长达40余年的高增长。1952～2020年，中国的GDP从679亿元跃升至超过100万

① 《习近平给〈文史哲〉编辑部全体编辑人员回信》，《人民日报》2021年5月11日，第1版。

亿元；人均 GDP 从 119 元提高到 6 万多元。2010 年，中国 GDP 总量增至 412119.3 亿元，一跃成为世界第二大经济体，之后一直稳居世界第二。当前，我国已发展成为第一大工业国、第一大制造国、第一大货物贸易国、第一大外汇储备国。国家统计局发布的 2020 年国民经济和社会发展统计公报显示，我国人均 GDP 连续两年超过 1 万美元，城镇化水平超过 60%。“十四五”规划中提出未来五年城镇化水平应该达到 65% 的目标，但第七次全国人口普查公布的城镇化率达到 64%，说明我国城镇化发展水平已经远远超越了预期。随着习近平总书记宣布中国全面建成小康社会、实现全面脱贫，这意味着中国解决了几千年来的绝对贫困问题，为全球减贫事业做出了卓越贡献。

如果把我国经济发展的成就置于世界经济发展的空间对比来看，中国巨大的发展变化更为明显。在中国没有全面建成小康社会之前，全世界的发达国家人口约为 12 亿，而中国全面建成小康社会后，世界中等发展中国家的人口翻了一倍。可以看出，改革开放 40 多年间，中国实现了三大奇迹：经济快速发展的奇迹、社会长期稳定的奇迹、决胜脱贫攻坚的奇迹。[①] 这三大奇迹不但深刻改变了中国，而且对世界发展也做出了中国贡献和提供了中国智慧。

伟大的实践产生伟大的理论。党的十九届六中全会把中国

---

① 周文：《中国共产党百年历程与中国经济发展伟大成就》，《东北财经大学学报》2021 年第 4 期。

共产党百年的伟大成功经验总结为十个方面的理论创新，即“坚持党的领导，坚持人民至上，坚持理论创新，坚持独立自主，坚持中国道路，坚持胸怀天下，坚持开拓创新，坚持敢于斗争，坚持统一战线，坚持自我革命”，[①] 这十个坚持深刻揭示了党的百年历史就是一部不断推进马克思主义中国化的历史，是一部不断推进理论创新、进行理论创造性转化的历史。中国共产党始终坚持把马克思主义基本原理与中国具体实际相结合，不断推进马克思主义政治经济学中国化。

由此可以看出，中国经济发展的实践并没有局限于经典作家的论述，政治经济学的理论也没有局限于以苏联政治经济学教科书为代表的传统社会主义政治经济学，更没有将马克思主义关于社会主义经济的理论设想直接照搬到我国社会主义建设实践中，而是在吸收传统社会主义政治经济学科学成分的同时，从社会主义经济建设实践面临的客观条件和实际问题出发，认识和探究社会主义的本质、发展阶段和社会主义市场经济建设等重大问题，不断推进理论创新。从新民主主义经济纲领理论到马克思主义政治经济学在社会主义过渡时期的运用和发展，从“政治经济学的初稿”到中国特色社会主义政治经济学逐步形成，再到习近平经济思想的形成，马克思主义政治经济学始终是中国经济发展的理论源泉和思想指南。实践发展永无止境，理论创新永无止境，在全面开启建设社会主义现代化国家新征

① 《中共十九届六中全会在京举行》，《人民日报》2021 年 11 月 12 日，第 1 版。

程中，作为马克思主义政治经济学中国化的重要成果，中国特色社会主义政治经济学必将得到新的丰富和不断发展。

二　中国经济发展不断取得新成就的重要法宝来自改革开放

没有改革开放就没有今天的中国。党的十一届三中全会以来，我国改革开放走过波澜壮阔的历程，取得举世瞩目的成就。正如党的十一届六中全会通过的《关于建国以来党的若干历史问题的决议》（以下简称《决议》）中所强调的，改革开放和社会主义现代化建设的伟大成就举世瞩目，我国实现了从生产力相对落后的状况到经济总量跃居世界第二的历史性突破，实现了人民生活从温饱不足到总体小康、奔向全面小康的历史性跨越，推进了中华民族从站起来到富起来的伟大飞跃。

党的十一届三中全会确定了我国经济体制改革和对外开放的总方针。正如《决议》中所强调的，党的十一届三中全会是划时代的，开启了改革开放和社会主义现代化建设新时期。党的十八届三中全会也是划时代的，实现改革由局部探索、破冰突围到系统集成、全面深化的转变，开创了我国改革开放新局面。在对外开放的长期发展进程中，我国经历了从局部开放到全方位开放的阶段，再到加入世界贸易组织后的阶段以及新时代开放型经济发展的新阶段，走出了一条具有中国特色的新型开放发展之路。以开放促改革、促发展、促创新，是我国经济发展不断取得新成就的重要法宝。

习近平总书记在党的十九大报告中指出，“没有哪个国家能够独自应对人类面临的各种挑战，也没有哪个国家能够退回到自我封闭的孤岛”，强调“中国开放的大门不会关闭，只会越开越大”。[①] 改革开放为中国社会主义市场经济的确立开启了现实的大门，建立社会主义市场经济体制成为改革开放最重要的核心内容。社会主义市场经济不仅奠定了中国改革开放的基本路径和走向，也深刻影响了世界经济。中国从对外开放和经济全球化中获益，同时，又通过积极参与经济全球化为世界经济做出了巨大的贡献。[②] 中国过去 40 多年的经济发展是在改革开放条件下取得的，未来经济实现高质量发展也必须在更加开放的条件下进行。更高层次、更高水平的开放是中国经济发展的方向，社会主义经济是开放的经济。只有开放程度越高，一国的市场交换规模越大，经济总量才越大。只有开放才能发展好中国经济，同时又能让中国经济更好地融入世界经济。

目前中国经济总量占世界经济总量的比重接近 17%，对世界经济增长的贡献率接近 30%。[③] 中国经济高质量发展将给世界带来更多的机遇。麦肯锡全球研究院的研究报告显示，到

① 习近平：《决胜全面建成小康社会　夺取新时代中国特色社会主义伟大胜利》，《人民日报》2017 年 10 月 19 日，第 1 版。

② 周文、冯文韬：《中国奇迹与国家建构——中国改革开放 40 年经验总结》，《社会科学战线》2018 年第 5 期。

③ 根据国家统计局发布的《中华人民共和国 2019 年国民经济和社会发展统计公报》整理得出。

2040 年，中国和世界其他经济体的彼此融合有望创造 22 万亿~37 万亿美元的经济价值，相当于全球经济总量的 15%~26%。[①] 中国不仅是“世界工厂”“世界市场”，也是世界研发基地和创投中心，在全球供应链、产业链和价值链中均占重要地位。

首先，中国经济在全球经济中举足轻重。从贡献率看，2021 年中国经济总量达 110 万亿元，对世界经济增长贡献率达 30%，成为持续推动世界经济增长的重要引擎。从依存度看，2007~2020 年，全球经济对中国的依存度从 0.7 上升到 1.3，而中国经济对全球经济的依存度则从 0.9 下降到 0.6，世界经济更需要中国。[②]

其次，中国产业链是世界产业链的重要环节。在联合国公布的 500 多种工业产品分类目录中，中国产量位居世界第一的品类超过 40%。[③] 中国拥有结构最健全的供应链集群、数量最庞大的产业工人、服务最完善的销售及物流体系，是全球产业链不可或缺的环节。2019 年以来，全球经济已显露疲软的增长态势，中国一直以“中国行动”和“中国节奏”践行着全球化的使命和担当，有力地促进了全球经济的恢复和增长，显示了社会主义市场经济的优越性，中国的强大并不是对世界的威胁，

① 张琪：《美媒“数”说中国 70 年经济崛起：世界对中国依存度上升》，人民日报海外网，2019 年 9 月 24 日，http://m.haiwainet.cn/middle/3541093/2019/0924/content_31634913_1.html。

② 麦肯锡全球研究院：《中国与世界：理解变化中的经济联系》，2019，第 3 页。

③ 宁吉喆主编《2017 中国宏观经济》，中国统计出版社，2017，第 14 页。

而是世界经济发展的福音。

近年来，贸易保护主义、反全球化、逆全球化、单边主义、民粹主义泛起，其根源在于资本主义社会矛盾、阶级矛盾激化，制造业的转移使本国工人失业或收入降低。西方国家少数跨国垄断集团主导的经济全球化垄断了绝大部分的剩余价值，而占人口大多数的中产阶层和低收入阶层出现收入下降的趋势，贫富差距持续拉大。“自 20 世纪 70 年代以来，收入不平等现象在发达国家显著增加，尤其是美国，其在 21 世纪头十年的集中度回到了 20 世纪的第二个十年。”① 一方面，虚拟经济与实体经济脱节，产业空心化严重；另一方面，价值越来越倾向于不采取劳动的形式，导致资本与劳动之间分裂，结构性失业问题不断恶化，不可避免地加剧了收入两极化和工人阶级的相对贫困。

面对当今世界发展的新格局和新趋势，习近平总书记提出了构建人类命运共同体的思想，其内涵是“在追求本国利益时兼顾他国合理关切，在谋求本国发展中促进各国共同发展，建立更加平等均衡的新型全球发展伙伴关系，同舟共济，权责共担，增进人类共同利益”②。2017 年 2 月，“构建人类命运共同体”的理念首次被写入联合国决议，这说明人类命运共同体已经成为世界各国的共识。中国致力于“建设持久和平、普遍安

① 〔法〕托马斯·皮凯蒂：《21 世纪资本论》，巴曙松等译，中信出版社，2014，第 16 页。

② 《十八大以来重要文献选编》（上），中央文献出版社，2014，第 37 页。

全、共同繁荣、开放包容、清洁美丽的世界”①。中国正是通过不断扩大对外开放融入世界，取得了让世界为之震撼的经济发展奇迹，由此“开放已经成为当代中国的鲜明标识”。作为经济全球化的参与者，中国向世界贡献的不仅是发展的红利，也是观念和理念的更新和发展。经济全球化时代，人类命运已经紧密联系在一起，成为一个不可分割的命运共同体。人类命运共同体理念倡导人类共赢的价值观，使新型经济全球化更具普惠性和包容性，更富有活力和可持续性。

中国改革开放的成功实践蕴含着极为丰富的经济理论创新。然而，一直以来，我国经济学人对中国开放理论研究重视不够，只讲中国如何对外开放，怎样走向世界，更多的是被动地接受和套用西方国际贸易理论。但目前的国际贸易理论不能被称为国际经济学，因为现在的国际经济学，其本质上是“美国经济学”。当前，随着世界越来越多元化，传统意义上的美国主导世界的时代已经一去不复返，因此把美国的经济学理论看作一种世界经济学理论，可能是一种误导。传统国际经济学理论指导下的全球化限制了发展中国家的潜力，难以实现世界的长期繁荣与和谐发展。传统国际经济学本质上是一门建立在比较优势学说及其衍生理论的基础上的一套理论体系。从历史上看，比较优势理论成为主流理论在国际范围大行其道，离不开19世

① 《中国共产党第十九次全国代表大会文件汇编》，人民出版社，2017，第64页。

纪英国成为世界第一大工业强国以及工业产品行销世界所产生的理论需求，这种需求本质上是为了维持先发国家的产业优势，从而获取更大利润。二战后世界掀起独立浪潮，比较优势学说的另一个作用是从经济上延续殖民时代的国际分工特征，使其不发生重大转变，将后发国家锁定在低端产业，使其扮演原材料和廉价劳动力供应者的角色，在世界范围内构建发达国家与发展中国家的“中心—外围”格局。从全球视角来看，这种格局一旦形成，经济层面最大的负面效应就是国家间贫富差距的持续扩大。

毫无疑问，遵循这种理论指导参与经济全球化的发展中国家，与发达国家的差距将不断扩大。[①] 总而言之，根据比较优势理论，可以让一个后发的国家追赶发达国家，但是永远不可能让一个落后的发展中国家实现超越。今天，世界经济呈现“中心—外围”格局，就是由比较优势理论造成的。比如法国根据李嘉图的比较优势理论发展工业，却导致法国工业永远赶不上英国。所以比较优势理论可以让中国发展起来，实现赶超，但永远不可能让中国强大起来，实现超越和领先。中国具有集中力量办大事的举国体制优势，以此来推动实现国家在整个竞争中的作用，可以更好地完成中国式现代化的伟大使命。

事实上，美国也没有遵从比较优势理论。一个最典型的例

---

① 周文：《新中国 70 年中国经济学的创新发展与新时代历史使命》，《中国高校社会科学》2019 年第 5 期。

子是，1957 年苏联成功发射卫星，随后，1958 年美国宇航局成立并动用政府的力量来支持美国宇航事业的发展。如果单纯套用古典经济学的比较优势理论，美国无须耗费大量资本来发射卫星，只需要向苏联购买就可以了。但事实上，美国人没有这么做。因此，美国自己都没有遵从比较优势理论。再以汽车行业为例，20 世纪 80 年代，我国坚信以中国市场换取德国技术是可行的，尽管中国现在已经成为世界上最大的汽车生产国和消费国，但是迄今为止还未打造出世界著名的汽车品牌，这就是用比较优势理论得到的结果。而反观中国的高铁并没有沿袭比较优势理论，而是坚持研发中国自己的核心技术，结果仅仅十多年时间，中国高铁就成为中国走向世界的一张亮丽名片。

三　中国经济发展伟大成就破解了经济学的世界性难题

西方主流经济学理论一直认为市场经济是人类的自然扩展秩序，不能有政府行为，政府只是经济发展的外生变量。在传统西方理论中，政府与市场之间是“零和博弈”。如果按照萨伊定律的话，供给自动创造需求，市场自动调节生产，那么资本主义世界周期性爆发的危机尤其是生产过剩危机无疑将这一观点“证伪”；如果按照凯恩斯的理论，即基于有效需求不足而强调政府干预，那么高失业率、高通货膨胀率、低经济增长率构成的“滞涨危机”则宣布了凯恩斯主义的“失灵”。

西方主流经济学是自由市场的盲目捍卫者，他们坚决反对政府的行为，认为市场和政府的关系永远是对立的，有政府就不可能有市场，有市场就不能有政府。按照西方主流经济学的理论逻辑，西方之所以兴起，是因为他们坚持了市场经济制度，反对政府的干预，主张自由放任、自然秩序。事实上，自由放任的市场经济只是原始的市场经济，而不是现代市场经济。越是现代化市场经济，越强调更好地发挥政府作用，弱政府只能带来经济发展的混乱。

20 世纪 80 年代以来西方盛行的新自由主义更是强调“自由化、市场化、私有化”，反对政府干预，结果导致经济过度金融化、虚拟化，从而对作为国民经济基础的实体经济产生巨大危害。与此相反，中国特色社会主义市场经济重构了政府与市场关系，在强调更好地发挥政府作用的同时实现市场与政府的有机结合，从而走出了一条行稳致远的全面发展的康庄大道。

值得注意的是，有的学者试图通过现代计量经济学和模型化手段寻找市场和政府的最优边界及其结合的最佳临界点，以此来保障政府的作用达到最优。其实，这种研究思路的起点就是错误的。市场和政府应该是相互补充促进、有机结合的。既然是有机结合，就不可能有边界，也不可能划分边界。西方主流经济学中市场和政府是二元对立、此消彼长和相互替代的，政府只是有限消极地发挥作用。[①] 恰恰是中国没有迷信西方理

① 周文：《中国经济学的创新发展与历史使命》，《人民日报》2019 年 6 月 24 日，第 9 版。

论，没有将西方理论奉为圭臬，才有了新中国成立70多年特别是改革开放40多年的社会主义伟大实践，中国才走出了一条完全不同于西方市场经济的新路。习近平指出："在社会主义条件下发展市场经济，是我们党的一个伟大创举。我国经济发展获得巨大成功的一个关键因素，就是我们既发挥了市场经济的长处，又发挥了社会主义制度的优越性。"①

中国在经济发展实践的过程中，始终强调党对经济工作的集中统一领导，探索出一条以中国共产党总揽全局、协调各方，既让市场在资源配置中起决定性作用，又能更好地发挥政府作用的新路，形成了中国特色社会主义政治经济学的"党、政府、市场"的稳定结构。这种被称为经济学的"三维谱系"的稳定结构，既可以发挥市场在微观领域资源配置中的高效率，又可以保证政府在弥补市场失灵方面主动作为，从而超越了西方主流经济学理论中政府被动发挥作用的框架体系。党在市场和政府中起作用的核心在于能更好地推动市场和政府的有机结合，确保政府"有效"发挥作用、规避政府失灵，拓展了经济学的核心理论框架。

总结社会主义市场经济的成功经验，就是始终坚持政府和市场的有机结合和辩证法。西方理论既没有辩证法，也没有历史唯物主义，它只是从逻辑到逻辑，从理论到理论，没有历史

① 中共中央文献研究室编《习近平关于社会主义经济建设论述摘编》，中央文献出版社，2017，第63～64页。

逻辑和实践逻辑。认真总结中国发展成功经验，很重要的一条就是强调理论逻辑、实践逻辑、历史逻辑的统一，既不拘泥于理论，让教条主义和本本主义束缚发展，也不停留于经验主义，而是让实践不断丰富和发展理论，同时注重历史的延续性，也注重现实实践的创新发展。

随着社会主义伟大实践的不断深入和理论的不断创新，我们党对政府与市场关系这一问题的理论认识和实践探索也在不断丰富和发展，从计划与市场的关系发展到政府与市场的关系、从政府配置资源的基础性作用发展到政府配置资源的决定性作用，正确处理好政府和市场的关系是中国经济体制改革的核心问题。正如习近平总书记指出的："我们要坚持辩证法、两点论，继续在社会主义基本制度与市场经济的结合上下功夫，把两方面优势都发挥好，既要'有效的市场'，也要'有为的政府'，努力在实践中破解这道经济学上的世界性难题。"①

四　中国经济发展伟大成就丰富和发展了现代经济学的概念和范畴

马克思主义认为，任何学科的概念范畴都是历史的，没有永恒的概念范畴，所以经济学的理论发展也是从术语革命开始

① 习近平：《不断开拓当代中国马克思主义政治经济学新境界》，《求是》2020年第16期。

的。习近平总书记指出，要善于提炼标识性概念，打造易于为国际社会所理解和接受的新概念、新范畴、新表述，引导国际学术界展开研究和讨论。这项工作要从学科建设做起，每个学科都要构建成体系的学科理论和概念。新中国经济发展所创造的伟大成就，还需要中国经济学工作者做出充分的阐释、解答和提炼；在迈向和实现第二个百年目标的过程中，还需要经济学理论工作者进一步丰富、发展与完善中国经济学的相关范畴、概念与理论体系。当前，中国特色社会主义政治经济学存在的一个重大问题就是缺少对基本概念范畴的逻辑抽象或对标识性概念范畴的重新定义，更多地体现为文件政策性语言或对时事的表述用语，难以形成一个有内在逻辑的范畴体系，这将导致当代中国马克思主义政治经济学缺乏主体性和自信力，更容易陷入西方话语体系的陷阱。

比如，以“中等收入陷阱”为例，事实上这是一个伪命题，“中等收入陷阱”的实质是新自由主义理论的陷阱，即新自由主义理论在指导发展中国家进行经济转型和体制改革中的失败。① 尤其是关于“中等收入陷阱”形成原因的解释方面，西方经济理论的话语体系总是倾向于把后发国家发展停滞的成因归结为比较优势的丧失、制度的路径依赖等方面，而不是从新自由主义理论本身寻找答案。从当前陷入“中等收入陷阱”

---

① 周文、李思思：《“中等收入陷阱”还是“新自由主义陷阱”?》，《理论月刊》2021 年第 5 期。

的拉美地区和东南亚一些国家的发展事实来看，这些国家基本上都是采用新自由主义经济学的理论，主张经济自由化、全面私有化和市场化，否定公有制和政府干预，正是这些政策主张导致处于经济转型中的国家调控能力下降。因为发达国家依靠技术和资本优势建立起的不平等的国际经济秩序、国际分工和交换体系，将发展中国家锁定在低端，使其难以凭借自身力量在现有世界政治经济体系下得到应有的发展。正如卡尔·曼德姆指出的那样，西方主导经济全球化500多年的历史已证明西方标榜的共同利益不过是一个修饰性的比喻而已。[①] 因此，我们要清晰地认识到“中等收入陷阱”不仅是一个话语陷阱，更是一个理论陷阱。

事实上，改革开放以来，我们党带领人民在开辟和拓展具有中国特色的社会主义发展道路过程中形成的中国理论和中国话语是对中国道路的理论表达和话语镜像。[②] 中国快速崛起实现赶超并没有遵循西方的教条，而是始终坚定不移地走中国特色社会主义道路，发展中国家西化的失败与中国特色的“成功突围”形成鲜明对比，打破了西方中心论的“神话”，对西方理论和西方话语提出了挑战。[③] 这些重大理论成果创新是对中

---

① 〔德〕卡尔·曼德姆：《意识形态与乌托邦》，黎鸣、李书崇译，商务印书馆，2019，第16页。

② 周文：《关于中国特色社会主义政治经济学理论体系的若干探讨》，《中国高校社会科学》2021年第3期。

③ 周文：《时代呼唤中国经济学话语体系》，《经济研究》2016年第3期。

国发展实践经验的系统化理论总结，比如，关于社会主义本质的理论，关于社会主义初级阶段基本经济制度的理论，关于树立和落实创新、协调、绿色、开放、共享的发展理念的理论，关于发展社会主义市场经济、使市场在资源配置中起决定性作用和更好发挥政府作用的理论，关于我国经济发展进入新常态的理论，关于推动新型工业化、信息化、城镇化、农业现代化相互协调的理论，关于用好国内国际两个市场、两种资源的理论，关于促进社会公平正义、逐步实现全体人民共同富裕的理论，等等，都丰富和发展了现代经济学概念范畴，也是对马克思主义政治经济学的重大理论创新。

2021 年 11 月 11 日，中国共产党第十九届中央委员会第六次全体会议通过的《中国共产党第十九届中央委员会第六次全体会议公报》系统总结了十八大以来我党在坚持党的全面领导、经济建设、全面深化改革开放、政治建设、文化建设、社会建设、生态文明建设、国防和军队建设、坚持“一国两制”和推进祖国统一、外交工作等方面的成功经验，中国经济学理论可以从中提炼和总结出符合我国国情和我国发展实践的规律性成果，形成一系列新概念和新范畴，更好地指导我国经济社会发展并为解决世界上其他国家经济发展问题提供理论借鉴，从而得到世界更多国家的认可和接受，甚至可以成为现代主流经济学。正如习近平总书记指出的：“越是民族的越是世界的。解决好民族性问题，就有更强能力去解决世界性问题；把中国实践总结好，就有更强能力为解决世界性问题提供思路和办法。

这是由特殊性到普遍性的发展规律。”①

首先，关于现代经济。中国经济发展伟大成就颠覆了现代经济的概念。在丹尼尔·贝尔对现代经济的定义中，服务业在三次产业中占比达到70%才是现代经济，而现代经济就意味着进入后工业社会，正是这种理论的误导导致西方发达国家制造业的衰落和产业的空心化。这就是当前西方发达国家出现产业空心化、虚拟经济泡沫化的根本原因。美国正是因为接受了这一概念，大量产业外包离岸生产，从而使得经济逐渐走向衰弱。反观中国却牢牢抓住实体经济，重视发展制造业，成为世界经济发展的龙头，创造了巨大的经济成就。从这一点来看，现代经济概念的定义是有问题的。过去往往认为走工业化道路是所有国家走向现代化的必然，而工业化就是西方化。现在来看，现代化不等于工业化。因此，中国的经济理论工作者要下大力气梳理和形成一个完整的理论体系，而不是教条地接受西方的理论，这就需要对中国发展成功经验进行深入和全面的提炼，从而完成对现代经济概念范畴的丰富和发展。

其次，关于现代企业制度。以往教科书关于现代企业制度的定义主要指的是适应现代化大生产和市场经济要求的一种企业制度。但是在实际操作过程中，往往把现代企业制度简单化

---

① 习近平：《在哲学社会科学工作座谈会上的讲话》，《人民日报》2016年5月19日，第2版。

地等同为股份制，企图实现“一股就灵”。这也造成20世纪90年代中期以来中国所有的国有企业、私有企业推行现代企业制度，即简单化执行政策，使中国企业全部完成股份制改革。然而，当前进行的股份制改革结果并不尽如人意，中国企业并没有因为成为股份制而成为现代企业，反而导致了资本市场的混乱，加速了资本的无序扩张。所以，股份制不等于现代企业制度。值得注意的是，华为、贵阳的老干妈都没有实行股份制反而取得了巨大成功。因此，什么是真正的现代企业制度仍待学界进一步讨论。反过来看，当前中国不少企业包括国企进行股份制改革，有的企业恰恰被资本绑架。这是简单化照搬西方主流经济学教科书的后果。从这个角度来看，“产权清晰、权责明确、政企分开、管理科学”这一关于现代企业制度的十六个字的界定，已经不足以反映中国现代企业制度的实际情况，也需要重新认识和梳理。一是关于“产权明晰”的概念。事实上，科斯的产权理论只是对新古典经济学的一个补充，主要回答了在企业之外的市场交易成本和企业之内的管理成本问题。按照科斯的理论，当交易成本为零，无须产权界定，市场成为完全竞争市场；在真实世界里，交易成本不可能为零，产权界定就尤为重要。因此，市场失灵的原因在于产权不明晰。而中国所强调的是以公有制为主体，即公有制的产权在西方主流经济学中不是一个清晰的概念，而是一个模糊的产权的概念，所以“产权清晰”归根结底就是回到私有化。因为只有私有化，产权才是清晰的。二是关于“政企分开”的概念，这一提法同当前强调的“党对经济工作的集中统一领导”和“政企分开”本身是矛盾的（“政企分开”并非不要党对经济工作的领导，两者并不矛盾）。在社会主义制度下，政府、企业只是分工不同。因此，经济学理论的不彻底性、不系统性，容易导致对现实的指导意义大打折扣。因此，这些概念都需要真正结合中国改革开放的伟大成就进行进一步的完善和修正。

再次，关于团队生产理论。西方主流经济学里有一个团队生产理论，这一理论认为：如果团队产出大于独自产出之和且能消化将团队成员组织起来并加以约束的管理成本，人们就会选择团队生产。同时，该理论认为由于企业最终的产出物是由团队成员共同努力的结果，不可能精确地对每个人的贡献进行分解和观测，因此不可能按每个人的真实贡献支付报酬，这就导致了“搭便车”的问题，即信息不对称带来的道德风险问题，进而导致“X 非效率”。[①] 因此，西方经济学的主流理论不主张团队生产，反而强调个体的理性、自由放任和私有化。但是，与西方不同，中国强调社会主义市场经济条件下的新型举国体制，发挥集中力量办大事的体制优势，这就是党的领导作用。党的领导作用在团队生产中相当于协调的作用。马克思在《资本论》中认为协调作用就是一种生产力，指出：“一切规模较大的直接社会劳动或共同劳动，都或多或少地需要指挥，以

① 〔美〕哈罗德·德姆塞茨：《所有权、控制与企业——论经济活动的组织》，段毅才等译，经济科学出版社，2000，第 149～150 页。

协调个人的活动，并执行生产总体的运动——不同于这一总体的独立器官的运动——所产生的各种一般职能。一个单独的提琴手是自己指挥自己，一个乐队就需要一个乐队指挥。”[①] 党的十八大以来，习近平总书记强调，中国特色社会主义最本质的特征是中国共产党领导，中国特色社会主义制度的最大优势是中国共产党领导。当前中国之治与西方之乱的鲜明对比所展现出的中国共产党领导的巨大制度优越性，由此可以更加清楚地表明西方理论存在的问题，因此系统化、学理化地阐释这一成功经验、提炼和重塑这些经济学概念显得尤为重要。

最后，关于财政概念。西方经济学中的财政理论主要是源于市场失灵，因而需要政府提供公共产品，财政学也称为公共经济学，这是一个典型的西方经济学概念。按照西方主流经济学的观点，没有中国特色的财政理论，也没有中国特色的财政实践。然而，新中国财政 70 多年发展的历史逻辑表明：在中国共产党领导的新型政党制度下，财政作为国家强有力的工具，始终服从和服务于建立和巩固社会主义国家政权、建设社会主义现代化强国的发展目标和发展战略。[②] 尤其是习近平总书记提出“财政是国家治理的基础和重要支柱”[③] 的全新定位，第一次把财政与国家治理紧密结合起来，摆正了财政在党和国家

① 《资本论》（第 1 卷），人民出版社，2004，第 384 页。

② 吕炜、靳继东：《财政、国家与政党：建党百年视野下的中国财政》，《管理世界》2021 年第 5 期。

③ 《习近平谈治国理政》，外文出版社，2014，第 80 页。

事业全局中的位置。因此，新时代中国特色的财政理论应该摆脱西方公共经济学的话语束缚，不能简单地理解为政府提供公共产品，而是其在整个国家的治理中发挥着重要作用。中国特色社会主义财政学应以马克思主义政治经济学为理论基础，在坚持马克思主义的立场、观点和方法的基础上，运用马克思主义政治经济学的基本研究范式、国家学说和财政理论，为新时代中国特色社会主义财政学理论逻辑和理论创新提供指引。

五　结语

总结过去是为了更好地开辟未来。中国共产党百年经济理论创新经验蕴含着丰富的历史启示，为进一步推动经济理论创新和发展，需要注意以下三个方面的问题。

第一，经济学理论的重要性取决于被解释对象的重要性。今天中国发展起来了，世界越来越关注中国，中国问题已成为世界问题，中国现象已成为世界现象，解释中国现象、解决中国问题正在成为经济学理论研究的热点。国弱无话语。过去中国贫穷落后，不可能产生具有世界影响的经济学理论，但是，经济强大的国家未必经济学就强，没有经济学的话语权作为学理支撑的经济不可能走得更远，比如，日本就面临没有自己的经济学理论的问题。正如习近平总书记所强调的，“一个没有发达的自然科学的国家不可能走在世界前列，一个没有繁荣的哲学社会科学的国家也不可能走在世界前列。"[①] 因此，随着中国快速崛起实现赶超，构建中国经济学话语体系正当其时，经济学正在迈入中国时代。这更加需要研究中国问题，从中国成功的经济发展实践中抽象、提炼出更具有世界意义的一般性经济理论，不断揭示一般化、规律性、系统化的经济学说，促进中国经济学理论的创新发展与繁荣。

第二，经济学理论创新要注重融入中国传统文化。挖掘总结中国共产党百年的重要成就，我们可以发现，不但经济发展成就与文化息息相关，而且经济学概念也与文化息息相关。在马克斯·韦伯看来，近代中国之所以落后是由于中国只有价值理性，没有工具理性。事实上，中国五千年的传统文化保持延绵不绝，中华民族是世界上唯一一个从繁荣走向衰弱再从衰弱走向兴盛的民族，这就得益于中国传统文化和儒家文化。没有中国几千年传统文化积淀的滋润和支撑，中华民族不可能走到今天。事实上，儒家文化并不是今天西方形成的偏见认识，儒家一开始就有价值理性，比如仁义道德等就是价值理性，而恰恰西方文化没有中国这种悠久的深层的价值理性。而且，根据马克斯·韦伯的观点，中国人口过多，所以没有工业文明。西方的经济学概念来自西方文化。例如塔西佗陷阱、修昔底德陷阱，也都是西方文化诞生的概念。欧洲文明遵循强国必霸的逻辑，所以达

① 习近平：《在哲学社会科学工作座谈会上的讲话》，《人民日报》2016 年 5 月 19 日，第 2 版。

成《威斯特伐利亚条约》来互相制约；亚洲是朝贡体系，必须要有一个中心。中国经济学是建立在儒家文化之上的经济学，不同于建立在基督教文化之上的西方主流经济学，中国是儒家文化的代表，相比基督教文化，儒家文化更具有包容性、现实性和开放性。中华文明作为世界上唯一五千年保持延绵不绝的文明，蕴含着更为丰富的经济学元素，例如：《盐铁论》里已经包含了丰富的现代宏观经济学的雏形；《管子》里早就提到了迂回生产，而迂回生产可以拉长产业链、解决更多的人口就业问题等。因此，经济学概念应该从中国优秀的丰富的文化资源中去挖掘和提炼。

第三，经济学理论创新要推进经济学学科体系建设。中国现在的学科体系很不完善，需要重新调整和布局设置经济学的学科体系。比如，马克思主义理论的一级学科和二级学科的划分混乱，马克思主义理论的6个二级学科不利于推进马克思主义理论的整体性发展。理论经济学一级学科中的6个二级学科也存在同样的问题。理论经济学的两大板块是政治经济学和西方经济学，就目前来看这个理论体系还不适应于对中国经济发展成就的研究。同时，学科体系的发展完善也需要进行教材体系建设，两者密不可分。正如习近平总书记指出的："学科体系同教材体系密不可分。学科体系建设上不去，教材体系就上不去；反过来，教材体系上不去，学科体系就没有后劲。"[①]

① 习近平：《在哲学社会科学工作座谈会上的讲话》，《人民日报》2016年5月19日，第2版。

目前，我国经济学教材大多是根据西方理论编写甚至是直接采用西方原版教材，这些教材忽视了理论来源的本质性和时代背景，以致于出现用西方理论任意剪裁中国现实，用西方理论强制阐释中国案例，既不能解释中国现象，也不能解决中国问题。[①] 比如，中国当前的政治经济学教材存在照抄照搬马克思《资本论》的体系或西方经济学的体系两大问题，需要完善和改进。值得一提的是，2021 年 11 月教育部公布的首批中国经济学教材中，中国特色社会主义政治经济学位列其中并居首位，这将极大地推动经济学教材改革及经济学学科建设。

① 周文：《关于中国经济学建设的几个问题》，《教学与研究》2020 年第 7 期。

后　记

党的十八大以来，习近平总书记高度重视马克思主义政治经济学，多次就坚持和发展马克思主义政治经济学做出重要论述。2014 年 7 月 8 日，习近平总书记在主持召开经济形势专家座谈会时强调，各级党委和政府要学好用好政治经济学，自觉认识和更好遵循经济发展规律，不断提高推进改革开放、领导经济社会发展、提高经济社会发展质量和效益的能力与水平。2015 年 11 月 23 日，习近平总书记在主持中共中央政治局第二十八次集体学习时强调，要立足我国国情和我国发展实践，揭示新特点新规律，提炼和总结我国经济发展实践的规律性成果，把实践经验上升为系统化的经济学说，不断开拓当代中国马克思主义政治经济学新境界。在 2016 年 7 月 8 日召开的经济形势专家座谈会上，习近平总书记再次指出，要加强研究和探索，加强对规律性认识的总结，不断完善中国特色社会主义政治经济学理论体系，推进充分体现中国特色、中国风格、中国气派的经济学科建设。在 2020 年 8 月 24 日召开的经济社会领域专家座谈会上，习近平总书记强调，面对错综复杂的国内外经济形势，面对形形色色的经济现象，学习领会马克思主义政治经济学基本原理和方法论，有利于我们掌握科学的经济分析方法，认识经济运动过程，把握经济发展规律，提高驾驭社会主义市场经济能力，准确回答我国经济发展的理论和实践问题。

习近平总书记强调，马克思主义政治经济学要有生命力，就必须与时俱进。实践是理论的源泉。我们用几十年的时间走完了发达国家几百年走过的发展历程，我国经济发展进程波澜壮阔、成就举世瞩目，蕴藏着理论创造的巨大动力、活力、潜力。当前，世界经济和我国经济都面临许多新的重大课题，需要做出科学的理论回答。我们要立足我国国情和我们的发展实践，深入研究世界经济和我国经济面临的新情况新问题，揭示新特点新规律，提炼和总结我国经济发展实践的规律性成果，把实践经验上升为系统化的经济学说，不断开拓当代中国马克思主义政治经济学新境界，为马克思主义政治经济学创新发展贡献中国智慧。习近平总书记的这些重要论述，阐明了马克思主义政治经济学的重大意义，为发展当代中国马克思主义政治经济学指明了方向。

中国社会科学院经济所原所长裴长洪一直致力于推动中国特色社会主义政治经济学的研究，而且近年来发表了一系列重要研究成果，成为中国特色社会主义政治经济学研究的领军人物，引起学界关注。正是在裴长洪研究员的倡议和推动下，在中国社会科学院—上海市人民政府上海研究院赵克斌院长的大力支持下，首届中国特色社会主义政治经济学高端论坛如期在上海召开，这次研讨会大家云集，充分展示了中国特色社会主义政治经济学研究的最新成果。有鉴于此，我们相信，将这些成果汇集成册，这不但是对中国特色社会主义政治经济学研究成果的最好展示，而且更有利于推动国内对中国特色社会主义政治经济学理论研究水平的进一步提高。

在此需要说明的是，编辑整理此文集，我的博士研究生和硕士研究生付出了辛勤劳动，郑继承、刘少阳、肖玉飞、代红豆、唐教成、司婧雯、施炫伶、李亚男、何雨晴、张明、张智飞、赵俊怡、陈原烨分别对每位演讲者的演讲进行了录音、文字记录和文字梳理。同时，中国社会科学院—上海市人民政府上海研究院的张恒龙教授以及其他同志们做了大量的会务工作。任何一项大的工程，都体现了集体和团队的努力和智慧，没有大家的参与和努力，就无法成事。在此，一并表达谢意。

复旦大学马克思主义经济学中国化研究中心主任 周文

2022 年 5 月

图书在版编目(CIP)数据

通向真理之路：寻求当代中国马克思主义政治经济学新境界 / 裴长洪，赵克斌主编；周文执行主编. -- 北京：社会科学文献出版社，2022.10（2023.8 重印）
ISBN 978 - 7 - 5228 - 0382 - 1

Ⅰ. ①通… Ⅱ. ①裴… ②赵… ③周… Ⅲ. ①马克思主义政治经济学 - 发展 - 研究 - 中国 Ⅳ. ①D61

中国版本图书馆 CIP 数据核字（2022）第 176270 号

通向真理之路
——寻求当代中国马克思主义政治经济学新境界

主　　编 / 裴长洪　赵克斌
执行主编 / 周　文

出 版 人 / 冀祥德
组稿编辑 / 恽　薇
责任编辑 / 贾立平
责任印制 / 王京美

出　　版 / 社会科学文献出版社 · 经济与管理分社（010）59367226
地址：北京市北三环中路甲 29 号院华龙大厦　邮编：100029
网址：www. ssap. com. cn
发　　行 / 社会科学文献出版社（010）59367028
印　　装 / 唐山玺诚印务有限公司

规　　格 / 开　本：880mm × 1230mm　1/32
印　张：6. 125　字　数：126 千字
版　　次 / 2022 年 10 月第 1 版　2023 年 8 月第 2 次印刷
书　　号 / ISBN 978 - 7 - 5228 - 0382 - 1
定　　价 / 79. 00 元

读者服务电话：4008918866

版权所有 翻印必究